KB174484

한국-필리핀 교류사

성균중국연구소 한국-아시아 문명교류사 17

한국-필리핀 교류사

1판1쇄 | 2015년 1월 20일

지은이 | 박정현, 김동엽, 리노 바론

펴낸이 | 박상훈
주간 | 정민용
편집장 | 안중철
편집 | 윤상훈, 이진실, 최미정, 장윤미(영업)

펴낸 곳 | 폴리테이아
등록 | 2002년 2월 19일 제300-2004-63호
주소 | 서울 마포구 독막로 23(합정동) 1층
전화 | 편집_02.739.9929 영업_02.722.9960 팩스_0505.333.9960

인쇄 | 천일_031.955.8083 제본 | 일진_031.908.1407

값 12,000원

ⓒ 박정현, 김동엽, 리노 바론, 2015
ISBN 978-89-92792-41-7 94300
      978-89-92792-35-6 세트

• 이 도서는 2010년도 정부재원(교육과학기술부 학술연구지원사업비)으로 한국학중앙연구원의 지원에 의하여 연구되었습니다.
  (AKS-2010-ACB-2101)

성균중국연구소 한국-아시아 문명교류사

17

한국 - 필리핀 교류사

박정현 · 김동엽 · 리노 바론 지음

폴리테이아

| 차례 |

제1장

머리말

필리핀은 지리적으로 태평양 서쪽에 있으며, 한국에서 보면 남서쪽인 남중국해 연안에 위치해 있다. 비행기 시간만으로 서울에서 마닐라까지 약 3시간 30분 정도 소요되며, 동남아 국가들 가운데 한국과 가장 가깝다. 그럼에도 불구하고 필리핀은 적도에 근접해 있어서 아열대성 기후를 나타내며, 한국과는 자연환경이 전혀 다르다. 특히 7천여 개의 군도로 이루어진 필리핀은 수많은 아름다운 열대 해변을 자랑한다. 또한 오랜 서구의 식민지 경험을 통해 동남아에서 유일한 기독교 국가이며, 오랫동안 서구의 문화를 아시아에 전파하는 창구 역할을 담당해왔다. 이런 역사적 경험은 필리핀을 동서양이 혼합된 독특한 문화적 특징을 가진 나라로 만들었다.

이와 같은 지리적 근접성과 이국적인 자연환경, 그리고 독특한 문화적 특징들은 최근 수많은 한국인들의 발길을 필리핀으로 모으고 있다. 필리핀을 방문하는 한국인의 수는 2012년 이래 매년 1백만 명을 초과하고 있으며, 중국·일본·미국·태국에 이어 5번째로 한국인이 가장 많이 방문하는 국가이다. 필리핀의 입장에서 보면, 자국을 방문하는 전체 외국인 중에서 한국인의 수가 단연 1위를 차지하고 있다. 필리핀을 방문하는 한국인들의 방문 목적도 관광, 투자, 유학, 연수, 은퇴 이주 등 다양하다.

필리핀 사람들은 한국을 경제 발전에 성공한 선진적인 나라로 바라보고 있으며, 더불어 필리핀 국내에서보다 높은 소득을 보장받을 수 있는 일자리를 제공하는 나라로 여긴다. 필리핀은 1970년대 이후 수많은 국민들을 해외 근로자로 진출시키고 있으며, 그 수는 이미 전체 인구수의 약 10%에 해당하는 것으로 집계되고 있다. 1990년대 이후 한국인의 노동 공급이 고임금 사무직에 편중됨에 따라 소위 3D 업종으로 분류되는 산업 분야에 노동력 부족 현상이 나타났고, 이는 외국인 근로자의 유입을 낳았다. 그 결과 필리핀 근로자들이 한국에 본격적으로 진출하게 되었으며, 한국통계청 2012년 집계에 따르면 필리핀인 약 2만5천여 명이 한국에 취업하고 있는 것으로 나타났다. 이는 단일국가로 보면 베트남, 중국, 인도네시아, 우즈베키스탄에 이어 5번째로 많은 수이다. 또한 2000년대 중반 이후 한국 내에 국제결혼이 급속히 증가하면서 한국 남성과 결혼하는 필리핀 여성도 급속히 늘어났다. 특히 다문화적 환경에서 성장한 필리핀 여성은 외국 문화에 대한 친화력이 높고, 영어를 구사할 수 있다는 장점 때문에 한국 남성들이 선호하는 것으로 알려져 있다.

이와 같은 대규모 인적 교류는 우연히 그리고 하루아침에 생겨난 것이 아니다. 오랜 기간 동안의 친밀한 양국 관계와 정치·경제·문화적 교류가 뒷받침되었다고 볼 수 있다. 필리핀은 1948년 한국 정부가 수립된 이후 가장 먼저 이를 인정한 국가 중의 하나이며, 1949년 3월 3일 정식으로 외교 관계를 수립했다. 또한 필리핀은 한국전쟁이 발발했을 때 유엔군의 일원으로 참전하기도 했으며, 전쟁이 휴전으로 종결된 이후에도 전후 복구 사업에 적극적으로 참여해 전쟁으로 폐허가 된 한국의 재건에 기여했다. 그 후 양국 간의 경제적 교류는 꾸준히 증가해 최근에는 무역 규모가 1백억 달러를 넘는다. 2000년대 중반 이후 한국 자본의 해외 진출이 본격화되면서 많은 한국인 투자자들이 필리핀에 투자하고 있으며, 2010년에는 필리핀에 대한 외국 투자국으로 한국이 1위를 차지하기도 했다.

이처럼 한국과 필리핀 간의 교류가 확대됨에 따라 많은 사회문제들이 발생하기도 한다. 필리핀을 방문하는 한국인의 수가 급속히 증가하고, 이들과 관련된 다양한 사건 사고들이 필리핀 현지 언론에 보도되면서 한국인에 대한 인식에 부정적인 영향을 미치는 경우도 나타났다. 필리핀의 대표적 비판 언론기관인 필리핀 탐사저널리즘 센터(Philippine Center for Investigative Journalism, PCIJ)는 지난 2007년 7월 20일 "영원한 손님"이라는 특집 기사를 통해 필리핀 내의 한국인을 조명하기도 했다. 이 기사에서는 급속히 증가하는 필리핀 내 한국인들은 누구이며 왜 왔는지, 어떤 문제를 발생시키고 있는지 등에 대해 상세하게 기록하고 있다. 이 보도의 요지는 필리핀을 방문하는 많은 한국인들이 불법 체류하면서 한국인 대상으로 각종 불법 영업을 실시함으로써 필리핀 경제에도 별 도움을 주지 않는다는 것이다. 물론 한국인이 운영하는 합법적인 사업체도 다수 있으며, 직접투자나 개발원조와 같이 필리핀 경제에 도움이 되는 부분도 있지만, 이런 긍정적인 부분이 반드시 한국인 방문객의 수와 상관관계를 갖는다고 보기는 힘들다는 것이다.

위와 같은 특집 기사가 보도된 직접적인 배경에는 이민국이 실시한 외국인 불법 상거래 일제 단속 과정에서 한국인들이 필리핀의 이민법을 어기고 소매업에 종사한다는 사실이 지적되면서였다. 필리핀에서는 2000년 제정된 '소매업자유화법안'을 통해 외국인이 일정 규모의 소매 업체를 전적으로 또는 부분적으로 소유할 수 있도록 허용하고 있다. 그러나 지나치게 소규모이거나, 호텔 내 식당, 단일 유통 구조만 가진 생산품 판매 등 몇 가지 영역에서는 외국인이 사업을 할 수 없도록 규정하고 있다. 그런데 많은 한국인들이 가정부나 운전사 등 사업 배경이 없는 필리핀 사람의 이름을 도용해 주로 한국인을 상대로 식품점·식당·노래방 등을 운영하는 것으로 밝혀졌다. 이런 현실은 또한 시간과 장소를 불문하는 과잉 단속, 이민국을 사칭하는 불법 단속, 공무원들의 금품 요구와 불법 구금 등 다양한 불법적 행태를 파생시켰다. 특히 영어를 잘 못하거나 필리핀 법률에 대한 지식이 부족한 한국인들이 재산상의 손실은 물론 인권침해를 당하는 경우도 발생했다.

한국인들에 대한 이 같은 불법적 단속과 금품 갈취와 같은 행태는 필리핀 내 한인 사회를 불안하게 만들 뿐만 아니라 양국 관계에도 좋지 않은 영향을 가져올 수 있다. 한인 사회의 불만이 고조되자 필리핀 주재 한국 대사관은 공식적으로 필리핀 당국에 적절한 조치를 취해 줄 것을 요청한 바 있으며, 이를 필리핀 국민들의 한국행 비자 발급과 연관시키겠다고 경고하기도 했다. 실제로 일정 기간 동안 비자 발급이 중단되는 경우도 발생했다. 특히 외국으로 많은 근로자를 파견하고 있는 필리핀의 경우 자국에 있는 외국 교민들에 대한 대우가 해외에 있는 자국민들의 안위와 직접적으로 연결되어 있다는 사실을 인식해야 한다는 목소리가 나오기도 했다.

이런 문제들이 불거지는 배경에는 해외 이주가 급속히 증가하는 상황에서 타국 생활에 대한 인식의 부족과 타국 문화에 대한 이해의 부족도 한몫을 차지한다. 오랜 기간 식민 지배를 받았으며 해외 이주의 역사를 갖고 있는 필리핀과는 달리, 한국은 해외 이주의 역사가 그리 길지 않다. 또한 경제 규모가 커지고 세계화의 흐름이 심화됨에 따라 해외를 방문하고 체류하는 한국인의 숫자가 빠른 속도로 증가하고 있으나, 이들 가운데 현지에 대한 풍부한 지식을 갖춘 이들은 많지 않다. 대부분 현지에 직접 가서 경험을 통해 습득하려는 경향이 많다. 이런 생각이 이주민 사회에 많은 문제를 낳는 원인이 되고 있다. 이는 한국이 해외로 진출하는 국민들의 규모에 비례해 해외 지역 연구에 대한 관심과 투자 또한 이루어져야 함에도 현실은 그렇지 못하다는 것을 단적으로 드러내는 것이다. 필리핀의 경우 이는 더욱 심각하다. 필리핀은 한국인이 매년 1백만 명이나 방문하고 있으나 여타 동남아 국가들과 비교해 보더라도 국내에 필리핀 연구에 대한 토대는 지극히 빈약하다. 동남아 국가들의 경우 한국 내 일부 대학에서는 태국어과, 말레이-인도네시아어과, 베트남어과, 미얀마어과 등을 개설해 학생들을 배출하고 있지만, 필리핀의 경우 학과는 고사하고 필리핀 관련 강의가 개설되는 경우도 찾아보기 힘들다. 그 결과 한국에서 필리핀에 대한 체계적인 연구가 부족한 것은 물론 연구자 그룹의 규모도 여타 동남아 국가들에 비해 빈약한 것이 현실이다.

그 결과 한국과 필리핀이 수교를 맺은 지 60여 년이 지나도록 양국 간 교류에 대한 개략적인 연구서조차 나오지 않고 있다. 국내에서 필리핀에 대한 연구는 단편적인 주제를 다룬 논문의 형식으로 발표되는 경우가 대부분이다. 정치학 분야에서는 주로 필리핀의 민주화나 선거, 외교 정책 혹은 이슬람 분리주의 운동과 같은 사례들을 다루고 있으며, 대표적인 학자로는 박사명(강원대), 서경교(한국외대), 박광섭(호서대), 김동엽(부산외대) 등이 꾸준히 필리핀 관련 연구를 수행하고 있다. 사회문화 및 역사 분야에서도 일부 학자들이 필리핀 사회의 특성과 문화적 배경에 대한 다수의 논문을 발표하고 있으며, 대표적으로 유석춘(연세대), 박승우(영남대), 김민정(강원대), 그리고 권오신(강원대) 등이 활발한 연구 활동을 하고 있다. 이외에도 최근 한국 내의 다문화 가족에 대한 관심이 부각되면서 다수의 학자들이 이와 관련된 주제로 필리핀 사례를 다루는 경우가 있으며, 많은 학위논문들이 산출되고 있다. 또한 필리핀을 방문하는 한국인의 수가 급격히 증가하면서 다수의 여행 안내서들이 출판되고 있다.

이와 같은 한국 내 필리핀 연구의 현실을 바탕으로 본 저서는 한국 내 필리핀 연구의 저변을 확대하고 포괄적이고 체계적인 연구를 촉발한다는 의미에서 한국과 필리핀 간의 교류에 관한 역사적이고 개론적인 내용을 다루고 있다. 우선 필리핀을 이해할 수 있는 개략적인 내용을 정치와 경제 그리고 대외관계를 중심으로 소개했다. 이어서 한국과 필리핀 간의 교류사를 고대 시대부터 오늘날에 이르기까지 중요한 사건들을 중심으로 살펴보았다. 일부는 역사적 고증이 필요한 부분도 있으며, 본 저서에서는 기존에 연구된 결과들을 중심으로 소개했다. 한국과 필리핀 간의 교류가 급속히 증가하기 시작한 근래의 상황은 경제적 교류와 인적 교류로 나누어 중요한 이슈들을 중심으로 소개했다. 이런 양국 간의 교류사를 개략적으로나마 살펴봄으로써 본 저서가 한국과 필리핀의 미래지향적이며 동반자적 관계를 설정해 가는 데 필요한 초석이 되기를 기대한다.

| 제2장 |

필리핀 일반 정보

1. 필리핀 개요

국명 : 필리핀공화국(Republic of the Philippines)

국기 :

수도 : 마닐라(Manila)

인구 : 100,617,630 (2014년 추정)

면적 : 300,400㎢ (남한의 약 3배)

민족 구성 : 말레이계가 주종이며, 중국·미국·스페인계 혼혈

종교 : 가톨릭(83%), 개신교(95%), 회교(5%), 기타(1%)

언어 : 필리핀어, 영어

필리핀의 공식적인 국가 명칭은 필리핀공화국이다. 국기는 1897년 필리핀의 독립 영웅 아귀날도(Emilio Aguinaldo) 장군이 도안한 것으로, 1898년 6월 12일 스페인으로부터 독립을 선언할 때 처음으로 공식 게양되었다. 좌측에 흰색 삼각형은 평등과 우애, 위쪽의 파란색은 평화·진실·정의, 그리고 아래쪽의 빨간색은 애국심과 용맹을 각각 상징하는데, 전쟁 시에는 빨간 부분이 위로 가도록 게양한다. 흰색 삼각형 안의 노란 태양은 자유를 뜻하며, 태양의 여덟 갈래의 빛은 스페인 식민 통치에 대항해 최초로 봉기한 8개의 주를 나타내고, 세 개의 별은 필리핀의 커다란 세 지역인 루손·비사야스·민다나오를 상징한다. 필리핀의 수도는 마닐라이며, 보통 일반인들이 알고 있는 마닐라는 메트로마닐라(Metro Manila)로서 마닐라 시를 포함해 인근의 10개 시(군)를 포함한 거대도시를 일컫는다. 메트로마닐라 내의 개별 시마다 지방 자치 정부와 의회가 각각 있으며, 도로나 상하수도, 환경과 같은 거대도시 전반에 관한 문제를 다루기 위해 메트로마닐라개발국(Metro Manila Development Authority, MMDA)을 두고 있다. 메트로마닐라의 인구는 2012년 기준으로 약 1천2백만 명에 이르고 있다.

필리핀의 인구는 1억 명이 넘을 것으로 추정되며, 2012년 기준 인구 증가율은 약 1.87퍼센트로 높은 편이다. 필리핀 정부는 높은 인구 증가율이 국민들의 빈곤과 직접적으로 연관된다고 보고, 인구 증가율을 낮추기 위해 각종 정책을 제시해 추진하고 있다. 그러나 종교 단체를 중심으로 한 보수적 사회단체들이 정부의 이 같은 인위적 인구 통제 정책에 적극적인 반대 의사를 표명하고 있어 실행에 어려움을 겪고 있다. 필리핀은 약 7천여 개의 섬으로 구성되어 있으며, 전체 면적은 한반도의 약 1.3배에 해당한다. 필리핀의 민족 구성은 말레이계가 주를 이루고 있지만 오랜 식민지 경험과 더불어 외부와의 교류가 활발하게 이루어져 많은 외국계 필리핀인들이 함께 생활하고 있다. 특히 중국계 화인들이 경제 분야에서 큰 영향력을 발휘하고 있다. 또한 중국인을 포함한 스페인인, 미국인 등이 현지인들과 결혼해 그 후손들이 필리핀 사회에 존재한다. 외국인들은 주로 필리핀의 엘리트 계층과 결혼하는 경우가 많아, 필리핀에서 외모와 피부색이 그 사람의 사회적 지위를 가늠하는 기준이 되기도 한다.

필리핀 사람들은 기본적으로 2~3개 언어를 구사한다. 스페인 통치 시절에는 스페인어를 배웠고, 미국 통치 시절에는 영어를 배웠다. 그 밖에도 중국어·아랍어, 그리고 전국에 산재한 170여 개 지방어가 있다. 이 지방어들 중에서 1백만 명 이상이 사용하는 언어는 12개나 되며, 타갈로그·세부아노·일로카노·힐리가이논·비콜·와라이와라이·카팜팡안·팡가시난·마라나오·마긴다나오·키나라이아·따우숙 등의 언어가 이에 속한다. 이들 12개 언어 사용자는 필리핀 인구의 90퍼센트를 차지한다. 각각의 지방어로는 상호 의사소통이 어려울 정도이다. 이에 1935년 마누엘 케손(Manuel Luis Quezon) 대통령은 타갈로그를 필리핀 국어로 지정하고, 방송에서도 타갈로그를 사용하도록 했다. 타갈로그가 중심이 된 필리핀 국어의 공식 명칭은 '필리피노'이며, 한국어로는 필리핀어로 표기하는 것이 올바르다. 필리핀에서는 여전히 각 지방별로 고유의 지방어를 사용하고 있으며, 필리핀 정부는 아동교육의 효율성을 위해 초등학교 저학년까지 지방어로 교육하는 것을 허용하고 있다. 필리핀 사람들에게 있어 영어는 40여 년간 자국을 식민통치한 미국이 남긴 애증의 산물이다. 대부분의 필리핀 국민들이 일상생활에서는 국어인 필리핀어를 사용하고 있지만, 교육과 관공서의 서류 작성 언어로 영어가 사용되는 경우가 많아 자연스럽게 필리핀어와 영어가 통용되고 있다. 필리핀 국민들이 영어를 구사함으로써 얻게 되는 경제적 이점 또한 무시할 수 없다. 외국인 관광객과 영어 어학 연수생의 유치, 국가 주도 사업인 콜센터와 같은 다국적기업들의 아웃소싱 회사를 유치함으로써 고수입 일자리를 창출하는 것이 대표적인 사례로 볼 수 있다.

필리핀의 종교는 스페인 식민지 시절에 전파된 가톨릭이 주류를 이루고 있으며, 미국 식민지 시절 이후 선교사들을 통해 전파된 개신교가 그 뒤를 잇고 있다. 필리핀에서 이슬람은 스페인의 식민 통치가 시작되기 전부터 존재하고 있었는데, 그 세력이 축소되어 오늘날에는 민다나오 남부 일부 지역에서만 다수를 차지하고 있다. 필리핀 무슬림들은 스페인이 필리핀에 식민지를 개척할 때부터 저항운동을 시작했으며, 독립 이후에도 다수파인 가톨릭과의 불화로 인해 반군을 조직해 오늘날까지 투쟁을 지속하고 있다. 필리핀은 고온 다습한 아열대성 기후를 나타내며 계절은 보통 우기와 건기로 구분된다. 2월부터 본격적인 여름 더위가 시작되고 6월부터는 우기가 시작되어 거의 10월까지 이어진다. 11월부터 건기가 시작되며 12월과 1월에는 아침과 저녁으로 선선한 기온을 느낄 수 있다. 필리핀 루손 섬 북부에 있는 바기오와 같은 도시는 산악 지역에 건설된 도시이기 때문에 한여름에도 선선한 기온을 느낄 수 있어 필리핀 사람들에게는 휴양도시로 유명하다.

2. 필리핀의 역사와 국민

필리핀의 역사는 기원전 동굴의 원시생활로 거슬러 올라가지만 문헌 상으로는 약 6세기경 중국과 교류한 사실을 기록한 중국 문헌이 가장 오래된 것이다. 이슬람이 전파되기 전 필리핀 남서부 지역은 8세기경 자바를 중심으로 흥기한 사일렌드라(Sailendra) 왕조의 세력권하에 포 함되었던 것으로 알려져 있다. 따라서 이 지역의 전통문화 속에는 사 일렌드라가 수용했던 인도의 영향이 남아 있다. 또한 해상무역이 활발 했던 술루 지역은 일찍부터 중국의 영향을 많이 받은 것으로 알려져 있다. 이미 10세기 말에 중국인이 방문한 것이 기록으로 전해지고 있 으며, 특히 명대(1368~1644년)에는 많은 교류가 있었던 것으로 추정된 다. 이는 각종 유물과 여전히 남아 있는 중국식 생활 풍습을 통해 확인 할 수 있다(김동엽 2013, 281).

스페인 식민지가 개척되기 시작할 당시 필리핀의 정치체는 '바랑 가이'(barangay)라고 하는 부족 단위의 공동체가 형성되어 있었다. 바랑 가이는 말레이 종족이 필리핀 군도에 도래할 당시 타고 온 배의 이름 을 본 딴 것으로 같이 온 사람들이 모여 하나의 공동체를 형성했다. 바 랑가이의 규모는 대개 30~100가구 정도로 구성되어 있었는데, 마닐라 나 세부 등과 같은 지역에서는 인구가 2천 명 이상이 되는 바랑가이도 존재했다. 바랑가이의 지배 구조는 단순했으며, 그 중심에서는 부족장 역할을 담당하는 지배자 다투(datu)가 존재했다. 다투는 최고의 행정권 자이자 입법가, 재판관, 군사 지배자로서 대부분의 권한을 독식했으나 마을의 중대사를 결정할 일이 발생하면 마을 원로들로부터 조언을 들 었다(Scott 1994).

이슬람이 정확하게 언제 필리핀에 전파되었는지는 알 수 없지만, 일부 무슬림 가족의 역사를 기록한 문서인 『타르실라』(Tarsila)에 따르면 14세기 후반 경에 막둠(Karimul Makdum)이라는 사람이 술루에 도착해 이슬람을 설파하고 모스크를 세웠다는 내용이 있다. 그리고 약 1450년경 술루에 이슬람 술탄이 등장했고, 마긴다나오에는 약 1515년경에 술탄이 나타난 것으로 추정하고 있다. 스페인이 도래하기 이전에 필리핀에 존재했던 무슬림들은 아랍인이나 인근 말레이인과의 혼혈과 풍족한 경제적 환경으로 인해 건장한 외모를 지녔을 뿐만 아니라, 오랜 문헌 기록을 가지고 있을 정도로 지적 수준도 우월해 비사야나 루손에 사는 비무슬림 부족들과는 구분되는 사람들이었다. 스페인이 도래할 당시 가장 문명화된 부족들로서 이들은 주변으로 이슬람을 급속히 전파시키고 있었다. 만약 스페인의 식민지 개척이 1백 년만 늦었더라면 오늘날 필리핀의 모든 군도는 주변국들처럼 이슬람화되었을 것이라는 주장도 있다(Finley 1915, 354-5; Majul 1999, 11-31; 김동엽 2013, 271-2).

16세기 중반부터 시작된 스페인의 식민 통치는 필리핀 무슬림의 역사적 진화를 멈추게 했으며, 오히려 퇴보의 길을 가도록 했다. 필리핀 군도를 식민지화한 스페인 식민지 정부는 명목상으로 필리핀 무슬림들에게 주권을 행사했지만, 실제적으로 무슬림들은 스페인의 영향과는 동떨어진 독립적인 문화·경제·군사적 영역을 유지했다. 필리핀 무슬림은 끊임없는 저항을 통해 가톨릭으로의 개종을 거부했으며, 이는 곧 무슬림 지역의 고립화와 경제적 주변화로 이어졌다. 본국의 이베리아 반도에서 무어 족(Moor) 무슬림에 대항해 수세기 동안 재정복전쟁(Reconquista, 711~1492년)을 벌였던 스페인은 필리핀에 거주하는

스페인 식민지 시절 건축된 산티아고 요새, 마닐라   사진: 김동엽

무슬림을 무어의 스페인어 발음인 '모로'(Moro)라고 불렀다. 모로는 오
늘날까지 필리핀 무슬림을 지칭하는 이름으로 사용되고 있다(김동엽
2013, 272).

   서구 세계에 필리핀의 존재가 알려지기 시작한 것은 포르투갈인
마젤란(Ferdinand Magellan)이 스페인 왕실의 후원을 받아 시작한 항해
에서 비롯되었다. 그는 향신료를 구할 수 있는 새로운 항해 루트를 개
척할 수 있다는 신념으로 먼 항해를 시작했고, 대서양과 태평양을 건
너 1521년 필리핀 중부 비사야스의 한 섬에 도착했다. 그곳에서 현지
부족장을 개종시킴으로써 필리핀에 최초로 기독교가 전파되기 시작
했다. 하지만 그는 인근 부족과의 불화에 개입하게 되었고, 세부 지역
의 막탄(Mactan) 섬 부족장 라푸라푸(Lapu-Lapu)와 벌인 전투에서 사망
했다. 살아남은 몇 안 되는 일행이 포르투갈 선박의 도움을 받아 유럽
으로 귀환함으로써 필리핀의 존재가 유럽에 알려지게 되었다.

이후 스페인은 여러 차례 탐험대를 조직해 필리핀에 파견했으며, 1565년 레가스피(Miguel Lopez de Legazpi)가 일단의 군대를 이끌고 도착해 본격적으로 식민지를 개척하게 되었다. 식민지를 개척하면서 그곳의 이름을 필리핀이라 명명했으며, 이는 당시 스페인의 국왕인 필립2세(Philip II)의 이름을 본 따 지은 것이다. 향신료를 찾던 스페인은 필리핀에서 향신료가 나오지 않는다는 사실을 알고 실망했지만, 우연히 표류하던 중국인 상선을 만나 중국과의 중개무역 기지로서 필리핀의 가능성을 발견하게 된다. 이후 식민지 행정의 중심을 세부에서 중국과의 교역에 유리하고 잘 발달된 천연 항구가 있는 마닐라로 옮겼으며, 마닐라와 멕시코의 아카풀코를 잇는 겔리온(galleon) 무역을 시작했다. 이 무역 루트는 그동안 단절되어 있던 아시아와 아메리카 대륙을 연결함으로써 전 세계의 무역 네트워크가 최초로 완성되는 역사적 의미를 내포하는 것이었다.

19세기 후반 서구의 자유주의와 계몽사상은 필리핀 민족주의 운동에 많은 영향을 주었다. 필리핀에서 민족주의 운동을 촉발시킨 사건은 식민 본국에서 파송된 성직자와 동등한 권리를 요구하던 세 명의 필리핀인 성직자들이 반란 혐의로 1872년 교수형을 당한 것이었다. 이후 필리핀 엘리트들 사이에 전개되었던 개혁 운동(Reform Movement)을 필리핀 민족주의 운동의 출발로 보고 있다. 필리핀의 국민적 영웅으로 추앙받는 호세 리잘(Jose P. Rizal)은 당시 필리핀의 대표적인 계몽주의 운동가였으며, 그는 식민지의 불평등한 현실을 알리기 위해 두 편의 소설, 『놀리』(*Noli Me Tangere*, 날 건들지 마라)와 『필리』(*El Filibusterismo*, 폭로자)로 유명해졌으며, 이 소설은 많은 반향을 일으켰다. 그는 1892년 필리핀민족동맹(La Liga Filipina)을 결성해 사회개혁을 시도하다가

리잘의 처형 장면을 형상화한 작품, 리잘 공원, 마닐라   사진: 김동엽

체포되어 1896년 형장의 이슬로 사라진다. 처형장으로 가기 전날 밤
작성해 등잔 속에 숨겨 외부로 유출시킨 그의 시 〈마지막 인사〉(Mi
Último Adiós)는 많은 사람들의 심금을 울렸다.

(중략)

내 영원히 사랑하고 그리운 나라

필리핀이여

나의 마지막 작별의 말을 들어 다오

그대들 모두 두고 나 이제 형장으로 가노라

내 부모, 사랑하던 이들이여

저기 노예도 수탈도 억압도

사형과 처형도 없는 곳

누구도 나의 믿음과 사랑을 사멸할 수 없는 곳

하늘나라로 나는 가노라

잘 있거라, 서러움 남아 있는

나의 조국이여

사랑하는 여인이여

어릴 적 친구들이여

이 괴로운 삶에서 벗어나는 안식에

감사하노라. 잘 있거라

내게 다정했던 나그네여

즐거움 함께했던 친구들이여

잘 있거라 내 사랑하는 아들이여

아 죽음은 곧 안식이니…….[1]

리잘의 죽음은 필리핀 민족주의자들이 본격적으로 무장 독립투쟁에 뛰어드는 계기가 되었다. 특히 보네파쇼(Andres Bonifacio)는 1892년 결성된 비밀결사 조직 까띠푸난(Katipunan)을 중심으로 스페인 군과 본격적인 무장 독립 투쟁에 돌입했다. 1898년 필리핀 독립군은 스페인으로부터 독립을 선언했다. 그러나 미국-스페인 전쟁에서 스페인이 패배

1_리잘 기념관 2층 한글 동판, 민용태 번역(1996).

하자 스페인은 자국민들의 안전한 귀국을 보장하는 조건으로 필리핀을 미국에 양도했다. 새롭게 등장한 미국은 필리핀의 독립을 인정하지 않고 새로운 식민지 지배를 시도했다. 이에 저항해 필리핀 독립군은 1899년부터 1901년까지 2년 동안 미군과 치열한 전쟁을 벌여 미군 약 4천 명, 필리핀인 약 1백만 명이 희생되었다. 독립군을 패퇴시키고 전쟁에 승리한 미국은 유화정책을 통해 본격적인 식민지 통치를 실시하기 시작했다. 새로운 식민 지배하에 필리핀의 정치 및 행정 체계는 급속한 변화를 맞이하게 되었다. 또한 전국적으로 공립학교를 설립해 영어와 함께 근대적 교육을 실시했다. 이를 위해 미국으로부터 수백 명의 교사와 선교사들이 필리핀에 들어오게 되었으며, 이들의 활동을 통해 식민지 지배자로서의 미국에 대한 부정적 이미지는 점차 희석되었다.

1930년대의 세계공황은 미국 사회에 실업 등 많은 문제를 낳았으며, 미국 정부는 정치적으로 필리핀을 식민지로 유지하는 것에 부담을 느꼈다. 또한 필리핀의 정치 지도자들도 지속적으로 독립을 요구하고 있는 상황에서 미국은 필리핀의 독립을 약속하는 내용을 담은 필리핀 헌법을 1935년 제정하도록 했다. 이 헌법에 따르면 10년간의 유예기간을 거친 후 1945년에 필리핀은 미국으로부터 완전 독립하는 것으로 되어 있다. 그러나 1941년 태평양전쟁을 일으킨 일본이 동남아로의 팽창정책을 추진하면서 1942년 1월 마닐라를 완전히 점령했다. 일본군은 대동아공영권(大東亞共榮圈)을 내세워 백인의 아시아 지배를 종식해야 한다는 명분으로 필리핀의 독립을 공식 선언하고, 필리핀의 정치 지도자 라우렐(Jose P. Laurel)을 내세워 새로운 공화국을 선포했다. 그러나 대부분의 필리핀 역사가들은 오늘날에도 이 정부를 필리핀의 공식 정부로 인정하지 않는다.

1945년 일본이 패망한 후 잠시 미군의 통치가 이어졌으며, 이듬해 인 1946년 7월 4일 필리핀은 공식적으로 독립국가가 되었다. 독립은 획득했지만 필리핀은 여전히 정치와 경제 그리고 안보적 측면에서 미국의 영향력에서 벗어나지 못했다. 전 세계가 공산 진영과 자유 진영으로 나뉘어 경쟁하는 냉전 시기에 미국의 보호하에 있던 필리핀은 좌파 공산 세력에 대한 대대적 와해 정책이 실시되었다. 특히 일본군 점령 시기에 소작농들이 중심이 되어 결성된 후크발랍(Hukbalahap, 抗日人民軍)은 토지개혁과 같은 좌파적 성향을 나타냄으로써 대대적인 토벌의 대상이 되었다.

독립 이후 필리핀은 미국의 후원 아래 형식적으로나마 민주주의 정치체제를 유지했다. 그러나 경제 발전의 지체와 빈곤의 증가로 인해 1960년대 말 사회적 갈등이 심화되었다. 한편으로는 공산주의자들이 농촌 지역을 중심으로 세력을 확장하고, 민다나오의 무슬림도 반정부 무장투쟁의 움직임을 보이기 시작했다. 이런 사회적 혼란상은 마르코스(Ferdinand Marcos) 당시 대통령으로 하여금 종신 집권의 야망을 실현시키는 빌미를 제공했다. 마르코스는 1965년에 최초로 대통령에 당선되었으며, 4년 중임제를 규정했던 필리핀 헌법에 따라 1969년에 재선에 성공했다. 그러나 두 번의 임기를 채우면 더 이상 대통령에 출마할 수 없도록 되어 있는 규정을 극복하기 위해 1972년 사회적 혼란을 명분으로 내세워 계엄령을 선포하고 의회를 해산함으로써 종신 집권을 위한 독재 체제를 구축했다.

마르코스 독재 정권은 신사회운동(New Society Movement)을 내세워 대대적인 개혁 운동을 전개하지만 측근들을 중심으로 정치적 권력과 경제적 이익을 독점함으로써 필리핀의 전통적 엘리트들의 반감을 샀다.

민주화의 상징 니노이 아키노의 동상, 마카티 시

또한 경제적 이익의 배분에 있어서 외국 자본가들조차도 소외시킨 마르코스 정권은 점차 국내외적으로 고립되었다. 필리핀 내부에서는 다양한 반마르코스 세력들이 나타났으며, 이들의 역량이 한줄기로 모아지는 결정적 사건이 발생했다. 그것은 마르코스 독재 체제를 피해 미국에서 망명 생활을 하던 마르코스의 정적 베니그노 아키노(Beningo Aquino Jr.) 상원 의원이 1983년 귀국 도중 마닐라 공항에서 암살당한 사건이었다. 그 배후가 마르코스 대통령임이 직접적으로 밝혀지지는 않았지만, 이 사건은 마르코스 정권의 도덕성에 치명적인 상처를 남겼다. 이후 국민들의 집회와 시위가 연일 이어졌고 필리핀의 정치와 경제는 곤두박질쳤다.

이런 상황에 대해 정면 돌파를 선택한 마르코스 대통령은 1986년 2월 임시 대통령 선거 실시를 선포했다. 이 선거에서 마르코스에 대항하는 야권의 단일 후보로 베니그노 아키노의 미망인인 코라손 아키노(Corazon C. Aquino)가 부상했다. 선거관리위원회를 장악하고 있던 마르코스는 공식적으로 자신의 승리를 선포했지만, 부정으로 얼룩진 선거 결과에 불복하고 아키노 여사의 선거 승리를 주장하는 국민들이 마닐라의 주요 도로인 에드사(EDSA)로 몰려 나왔다. 데모 군중이 눈덩이처럼 불어나고 일부 군부에서도 이에 동조함으로써 결국 마르코스 대통령은 하와이로 망명길을 떠나면서 국민혁명(People Power I)이 성공을 거두게 되었다.

대통령에 취임한 아키노 여사는 1987년 새로운 헌법을 제정 공포함으로써 민주주의 정치체제를 회복시켰다. 그러나 아키노 대통령은 임기 내내 군부 쿠데타의 위협에 시달림으로써 정치 불안정이 지속되었고, 마르코스 독재 체제의 유산인 막대한 외채 부담으로 인해 경제적 발전을 이루는 데도 실패했다. 그러나 아키노 대통령은 1992년 대통령에 당선된 라모스(Fidel V. Ramos)에게 정권을 넘김으로써 평화적 정권 교체에 대한 국민적 약속을 지켰다. 라모스 정권하에서 필리핀은 각종 경제 자유화 정책에 힘입어 높은 경제성장을 이룩했으며, 1996년에는 이슬람 반군(MNLF)과의 평화협정을 체결함으로써 사회적 안정을 가져오기도 했다. 1998년에 실시된 대통령 선거에서는 영화배우 출신으로 가난하고 소외된 자들의 대변인으로 자처하며 나선 에스트라다(Joseph Estrada)가 대통령에 당선되었다. 1997년 시작된 동아시아 경제 위기의 여파가 본격적으로 필리핀에 미치기 시작한 시점에 출범한 에스트라다 정권은 많은 경제적 문제와 더불어 국민들의 기대를 충족시키지 못함으로써 사회적 혼란을 가중시켰다. 결국 에스트라다는 부정부패 및 뇌물 수수 등에 연루되어 탄핵 소추되었고, 2000년 11월 하원에서 탄핵된 최초의 필리핀 대통령이 되었다. 그는 상원에서 탄핵 재판이 이루어지는 도중, 재판 과정이 불공정하게 전개된다는 사실에 분노한 국민들의 또 다른 시민혁명(People Power II)으로 권좌에서 물러나야 했다. 공석이 된 대통령의 자리는 당시 부통령이었던 아로요(Gloria Macapagal-Arroyo)에 의해 승계되었다.

추출된 에스트라다의 잔여 임기를 수행한 아로요 대통령은 2004년 대통령 선거에 출마해 당선되었다. 그러나 근소한 표차로 당선된 대통령 선거에서 선거관리위원회를 동원한 부정행위가 폭로됨에 따라 정권의 정통성에 치명적인 상처를 입었다. 이외에도 대통령의 측근들이 연루된 다양한 부정부패 사건이 폭로됨으로써 정권 내내 국민적인 저항운동에 시달려야 했다. 아로요 대통령은 퇴임 이후 과거 자신의 지역구에서 하원 의원으로 출마해 당선되었다. 2010년 대통령 선거에서는 1986년 민주화 이후 최초의 대통령이었던 아키노 여사의 아들인 노이노이 아키노(Benigno Noynoy Aquino III)가 어머니의 후광을 입어 대통령에 당선되었다. 현 아키노 대통령은 정부 내의 부정부패 척결을 최우선 국정 과제로 내세우고 있으며, 그 일환으로 아로요 전 대통령이 행한 다양한 불법행위에 대해 철저한 조사와 처벌을 공언하고 있다.

필리핀 국민들의 성향을 단편적으로 말하긴 어렵지만, 동남아 사람들의 일반적인 성향과 크게 다르지 않다고 볼 수 있다. 특히 서구의 개인주의보다는 동양의 가족 중심적 가치관은 오랜 중국과의 교류를 통해 전파된 유교적 가치관으로 볼 수 있다. 또한 오랜 기간 태국을 제외한 모든 동남아 국가들이 서구 열강의 식민지 지배를 경험했으며,

이는 동남아에 서구적 세계관이 접목되는 계기가 되었다. 필리핀도 333년간의 식민지 지배를 경험했으며, 특히 327년간 통치한 스페인은 필리핀 국민들의 정신을 지배하는 가톨릭 세계관을 사회에 깊이 뿌리내리게 했다. 이런 가톨릭 세계관이 필리핀 국민들로 하여금 타고난 운명에 순응하며 권위에 순종하는 문화적 성향을 갖게 했다는 설명도 있다. 미국의 식민지 시절에 실시된 근대적 교육은 일찍이 필리핀 국민들을 동남아에서 가장 앞선 선진 지식을 갖출 수 있도록 했다. 그러나 식민 통치가 필리핀 국민들에 미친 영향은 오히려 부정적인 측면이 강하다고 볼 수 있다. 즉 식민지 국민으로서 느끼는 열등감과 열악한 상황에서 생존해야만 하는 환경은 오늘날 필리핀 국민들의 특성을 다소 부정적으로 묘사하는 표현들을 탄생시키기도 했다.

일부 학자들은 필리핀의 국민성을 대변하는 말로 히야(Hiya, 부끄러움), 바할라나(Bahal la na, 신의 뜻대로), 우땅나로옵(Utang na Loob, 마음속에 빚), 빠끼끼 사마(Pakiki Sama, 원만한 관계) 등을 자주 거론한다. 히야와 바할라나는 오랜 식민지 경험과 종교적 영향이 필리핀 국민성에 깊이 뿌리내리고 있는 단적인 표현이라고 볼 수 있다. 우땅나로옵은 필리핀 국민들이 누군가로부터 은혜를 입었으면 그것을 마음속에 담아 두었다가 반드시 되갚아야 한다고 생각하는 국민성을 의미한다. 이는 긍정적인 특징으로 볼 수도 있지만, 일정 부분 합리적인 판단을 흐리게 만드는 방향으로 작용해 필리핀 사회의 발전을 저해하기도 한다. 즉 부를 독점하고 있는 일부 엘리트들이 평상시에 민중들에게 작은 물질적 혜택을 베풀고, 이를 선거에서 득표로 수확하는 후원-수혜적 사회관계를 고착화시켰다. 이를 통해 필리핀의 일부 전통적 엘리트 가문은 자신의 지역에서 여러 대에 걸쳐 확고한 정치·경제적 기득권을 유지하고 있다. 또한 이들에 대한 맹목적인 지지는 견제 세력의 부재를 낳아 각종 부정부패의 원인이 되기도 한다.

3. 필리핀의 정치와 경제

1) 필리핀 정치체제의 특성

필리핀에서 현재 운영하고 있는 대통령중심제와 상·하 양원 의회 제도의 근간은 1934년 미 의회에서 통과시킨 타이딩-맥더피 법(The Tydings-MacDuffie Act)에 근거해 만들어진 필리핀 최초의 근대적 헌법 인 1935년 헌법에 있다. 이 헌법은 1941년 일부 개정되었고, 필리핀의 독립 이후에도 약간의 수정을 거쳐 그대로 사용되었다. 마르코스 독재 기간에는 왜곡된 의원내각제라는 새로운 헌정 체제가 도입되었지만, 1986년 민주화 이후 새롭게 만들어진 1987년 헌법도 1935년 헌법에 기초하고 있다고 볼 수 있다.[2] 〈표 2-1〉은 필리핀 정치체제가 어떻게 변화되어 왔는지를 간략하게 보여 준다.

필리핀은 선거를 통해 국민이 직접 대통령을 선출해 많은 권한을 부여하는 대통령중심제 정부 형태를 이루고 있다. 민주적 정치체제에

2_필리핀 정치체제에 관한 이하의 내용은 김동엽(2013, 1-44), 조홍국 외(2011, 255-305) 에서 인용했으며, 내용의 구체적인 출처에 관해서는 발췌문을 참조.

표 2-1 | 필리핀 정치체제의 역사

기간	근거	명칭	유형	상원	하원
1900~07	미국 대통령	필리핀위원회	단원제	필리핀위원회	
1907~16	1902년 필리핀법안	필리핀의회	양원제	필리핀위원회	필리핀국회
1916~35	필리핀자치법	필리핀의회	양원제	상원	하원
1935~41	1935년 헌법	국회	단원제	국회	
1943~44	1943년 헌법	국회	단원제	국회	
1945~46	(개정된)1935년 헌법	연방의회	양원제	상원	하원
1946~73		의회	양원제	상원	하원
소집 안 됨	1973 헌법	국회	단원제	국회	
1978~86	(개정된)1973년 헌법	국회	단원제	국회	
1987~현재	1987년 헌법	의회	양원제	상원	하원

자료 : 김동엽(2013, 11).

서 대통령제는 기본적으로 입법부, 행정부, 사법부가 독립적인 권위를 가지고 상호 견제와 균형을 통해 국정을 운영하는 정치제도이다. 필리핀은 비록 이와 같은 대통령중심제의 기본 이념을 수용하고 있지만, 대부분의 신생 민주주의 국가들이 경험하는 바와 같이 각각 독립적이어야 할 3부의 권한이 대통령에게 다분히 집중되어 있음을 볼 수 있다. 이는 곧 대통령을 수반으로 하는 행정부가 입법부나 사법부보다 강력한 권력을 행사하는 형태로 나타난다.

필리핀 정치체제는 주로 '대지주 민주주의'(cacique democracy)나 '엘리트 민주주의'(elite democracy) 혹은 '가산제'(家産制) 같은 개념으로 설명된다. 이는 필리핀 정치가 일부 엘리트 정치 가문에 의해 독점되고 있기 때문으로, 이들은 공적인 일과 사적인 일을 구분하지 않는 경향이 있다. 권력을 이용해 부를 축적하고, 축적한 부를 이용해 권력을 재창출하는 엘리트 내부의 폐쇄적 순환 구조가 가능한 것도 이 때문이다. 이는 곧 대다수의 민중이 권력의 장에서 배제됨은 물론 정치과정에서도 실질적으로 소외되고 있음을 의미한다. 주기적인 선거를 통해 정권이 교체되는 등 절차적 민주주의가 제대로 작동하고 있는 정치체제에서 선거권자인 일반 대중이 정치과정에서 배제되는 현실은 필리핀 민주주의의 특징을 보여 주는 대목이다. 이런 필리핀의 정치체제는 오랜 식민지 과정에서 형성되었으며, 독립 이후에도 필리핀 엘리트 계층에게 그대로 전수되어 오늘날에 이르고 있다.

행정부는 미국의 제도와 유사하게 대통령과 부통령 그리고 각부 장관(secretary)을 두고 있다. 대통령과 부통령은 임기 6년의 단임제로 선출되며 각부 장관은 대통령이 임명한다. 대통령 선거는 대통령과 부통령의 러닝메이트 제도를 운영하고 있지만 투표는 개별적으로 이루어진다. 따라서 실제로 같은 러닝메이트가 아닌 다른 팀에서 각각 대통령과 부통령이 나오는 경우가 흔하다. 필리핀은 1991년 지방정부구성법(Local Government Code)을 제정해 각 지방의 기초 및 광역 단체장을 주민들이 직접 선출하고 있다. 또한 각 지역 단위별로 지방의회를 두고 있으며, 이들 의원도 주민들이 직접 선출하고 있다.

헌법에 따라 필리핀의 국가수반은 대통령이다. 대통령은 임명위원회(Commission on Appointments)의 동의를 얻어 행정 부처의 장관을 임명한다. 미국식 대통령제의 원칙과 흡사하게 각 행정부서의 장관을 'minister'라고 하지 않고, 대통령을 보좌한다는 의미의 'secretary'로 부른다. 대통령은 또한 각국 대사 및 각 행정 각료와 대령 이상의 고위군 장교의 임명권과 지명권을 가지는 동시에 행정부와 산하 부처를 통제할 수 있다. 유사시 대통령은 60일을 초과하지 않는 기일 내에서 군통수권자로서 계엄령을 선포하고 인신보호영장 제도를 중지할 수 있다. 각료의 수가 법으로 규정되어 있지 않기 때문에 행정부의 수반인 대통령의 의지에 따라 각료의 수도 증감한다. 현 아키노 대통령은 새

표 2-2 | 선거를 통해 선출되는 필리핀의 직위 및 내용

| | 상원 의원 | 하원 의원 | | 지방 단체장 및 지방의회 의원 |
		지역구	정당 비례대표	
인원	12명	250명 내외(정당 비례대표 20퍼센트)		약 1만8천여 명
임기	6년 (2회 이상 연임 불가)	3년 (3회 이상 연임 불가)	3년 (3회 이상 연임 불가)	3년 (3회 이상 연임 불가)
선거구	전국	지역	전국	지역

자료 : 조흥국 외(2011, 263).

정부 출범과 함께 대통령과 정부 각 부처, 그리고 국민과의 소통을 강조하면서 이를 총괄한 커뮤니케이션 부를 신설하기도 했다.[3]

필리핀의 입법부는 상원과 하원으로 구분되며 상원은 전국적인 선거로 선출되며 하원은 지역구와 정당 비례대표제 선거를 통해 구성된다. 상원은 임기 6년이며 24명의 의원으로 구성되고, 전국적인 투표를 통해 득표 순위에 따라 당선이 결정된다. 3년마다 있는 선거에서 12명씩 선출해 기존의 12명과 함께 24명으로 구성한다. 하원은 250명 내

3_필리핀의 행정 부처는 22개로 구성된다. 대통령실(Dept. of Executive), 외무부(Dept. of Foreign Affairs), 재무부(Dept. of Finance), 법무부(Dept. of Justice); 국방부(Dept. of National Defense), 교육부(Dept. of Education), 예산관리부(Dept. of Budget and Management), 커뮤니케이션 부(Dept. of Presidential Communications Development and Strategic Planning), 농업부(Dept. of Agriculture), 환경부(Dept. of Environment & Natural Resources), 교통통신부(Dept. of Transportation & Communications), 노동/고용부(Dept. of Labor & Employment), 보건부(Dept. of Health), 관광부(Dept. of Tourism), 무역산업부(Dept. of Trade & Industry), 사회복지개발부(Dept. of Social Welfare & Development), 과학기술부(Dept. of Science and Technology), 에너지부(Depart. of Energy), 공공사업/도로부(Dept. of Public Works and Highways), 토지개혁부(Dept. of Agrarian Reform), 내무부(Dept. of Interior and Local Government), 경제기획원(National Economic Development Authority) 등이 있다.

외로 되어 있는 하원 의원 정원의 20퍼센트를 정당 비례대표제로 선출하도록 규정하고 있다. 정당 비례대표제는 기존 정당이 아닌 사회의 소외 계층에게 의회에서 스스로를 대변할 수 있는 길을 열어 주기 위한 것이다.

현행 필리핀 헌법은 상원 의원의 피선거인 자격을 필리핀 출생으로 35세 이상이며 글을 읽고 쓸 줄 아는 자로서 선거일 기준 2년 이상 국내에 거주한 자로 제한한다. 하원 의원의 피선거인 자격은 필리핀 출생으로 25세 이상이며 글을 읽고 쓸 줄 아는 자로서 선거일 기준 1년 이상 국내에 거주한 자로 제한한다. 양원에 공석이 발생했을 경우 남은 임기에 한해 새로운 의원을 선출해야 한다. 필리핀 의회의 기능과 권한은 필리핀 헌법에 명시되어 있다. 의회의 대표적인 권한으로는 예산심의 권한과 사면 동의 권한, 그리고 예산 및 세금 등에 관한 권한 등이 있다. 상하 양원 공동으로 제헌의회를 소집할 권한, 전쟁을 선포할 권한, 대통령과 부통령 선거의 개표 및 점검 권한 등이 있다. 하원에게는 탄핵 발의권이 있고, 탄핵심판권은 상원에게 부여된다. 상원은 국제조약을 인준할 권한을 가진다.

필리핀에는 다수의 정당들이 존재하며, 선거기간에는 서로 연합해 선거를 치르는 경우가 흔하다.[4] 현 아키노 대통령이 소속되어 있으면

4_필리핀의 주요 정당으로는 자유필리핀인파트너(KAMPI, Kabalikat ng Malayang Pilipino), 필리핀민주투쟁당(LDP, Laban ng Democratickong Pilipino), 기독교회교민주당(Lakas-CMD, Lakas-Christian Muslim Deomcrats), 전국민연합(NPC, National People's Coalition), 필리핀민주사회당(PDSP, Philippine Democratic Socialist Party), 새사회운동(KBL, Kilusang Bagong Lipunan, -Marcos Wing), 자유당(LP, Liberal

서 집권 연합을 주도하고 있는 정당은 자유당이다. 필리핀 의회정치의 가장 큰 특징은 정당정치의 기반이 취약하다는 것이다. 정치권은 경제적 부와 사회적 지위를 확보한 소수의 엘리트들에 의해 지배되고 있으며, 정권의 변화와 관계없이 자신의 영향력을 지속적으로 행사할 수 있다. 따라서 정강이나 정책을 중심으로 한 정당이 발달하지 못하고, 인물을 중심으로 한 정당 체제가 작동하고 있다. 필리핀의 정당정치는 서구의 정당 발달 초기 단계인 간부 정당의 형태로 시작되었지만, 이후 계층 기반의 대중정당이나 대중적 민족주의 이념에 기초한 민족 정당으로 발달하지 못했다. 이는 정당 발생 초기의 정치 상황이 서구의 그것과 상이하기 때문으로 볼 수 있다. 서구의 간부 정당은 정기적인 정권 창출을 위한 것이지만, 필리핀의 초기 간부 정당은 식민 정부하에서 극히 제한된 정치적 권한을 행사하는 조직으로 출범했기 때문에 정당으로서의 구체성을 가지지 못하고 전통적 엘리트들의 사적 이익 추구를 위한 도구로 전락했다. 산업화와 도시화의 진전과 보통선거제의 실시로 대중정당이 탄생한 서구와 달리, 필리핀에서는 엘리트 정당의 성격이 지속되었다. 이는 필리핀의 엘리트 정당들이 시대적 변화에 적응하면서 대중에 대한 정치적 동원 기제로서 진화했기 때문이다(김동엽 2008, 55).

필리핀 정당정치의 흐름을 이어왔던 대부분의 정당들은 지극히 개

Party), 민족당(NP, Nacionalista Party), 애국민연합(NPC, Nationalist People's Coalition), 필리핀민주당(PDP-LABAN, Partido Democraticko Pilipino-Lakas ng Bansa), 필리핀민주의힘(PMP, Pwersa ng Masang Pilipino) 등이 있다.

인적인 조직 구조를 가지고 있다. 즉, 정당원이 존재하지 않으며 단순히 지인들의 모임에 불과하다. 어떤 안정된 조직이나 구조를 갖지 않으며, 사업이나 일정한 활동 혹은 정당 기관지조차 대부분 존재하지 않는다. 지구 사무실과 사무원이 존재하지 않으며, 보통 지역구 의장이 그의 사무실이나 자택을 주소지로 이용한다. 정당의 운영자금도 선거에 나서는 후보자들의 주머니에서 직접 나온다. 정당의 형식적 조직은 대체로 기초 자치(municipal) 단위에서 시 단위, 도 단위, 전국 단위로 구성되어 있다. 전국 단위의 전당대회가 후보자의 공천 같은 정당의 전반적인 업무를 결정하는 기구이지만, 이는 단순히 극소수 인사들로 구성된 전국 위원회에 의해 만들어진 결정을 추인하는 장치에 불과하다.

필리핀 사법부는 대법원, 고등법원, 지방법원, 그리고 순회 법원으로 구성된다. 필리핀의 사법제도는 3심 제도로 운영하고 있으며, 최종 판결은 대법원에서 내려진다. 필리핀 대법원은 일반적인 사안에 대한 판결뿐만 아니라 헌법재판소의 역할도 겸하고 있다. 의회에서 통과된 법안이나 정치적 사안에 대한 법률적인 해석 권한을 가짐으로써 필리핀 대법원은 정치적으로도 많은 권한을 행사한다. 필리핀 사법부의 권한은 대법원에 있으며, 필리핀 사법부의 구조는 각 지방에 있는 지방법원(Local and Regional Trial Courts), 주요 도시에 있는 17개의 고등법원(National Court of Appeals), 수도에 있는 대법원(the Supreme Court), 그리고 비공식 순회 법원으로 구성되어 있다.

필리핀 대법원은 대법원장을 수장으로 하고, 14명의 대법관으로 구성된다. 대법원장을 포함한 대법관에 공석이 발생했을 경우에는 사법평의회(Judicial and Bar Council)가 추천하는 3인 이상의 후보 가운데 대통령이 선택해 임명한다. 대법관으로 임명되기 위한 기본 조건으로는 40세 이상이며, 필리핀 출생의 국민으로서 최소한 15년 이상 필리핀 법조계에 종사한 경험이 있어야 한다. 일단 임명이 되면 70세까지 임기가 보장되므로 정치적 외압으로부터 비교적 자유롭다.

필리핀 대법원은 필리핀 사법 체계 전반을 감시하고, 법조계의 인사권을 관할하는 행정 권한을 가진다. 더불어 각 사건에 대한 최종 심판권뿐만 아니라, 사법적 해석(judicial review)의 권한을 행사한다. 이 권한은 여타 정부 기관인 행정부와 입법부의 다양한 행위에 대해 사법적 해석을 내림으로써 권력 남용을 방지한다. 그러나 이런 대법원의 권한은 정치적으로 오용되는 경우가 자주 발생한다. 일례로 코로나(Renato C. Corona) 전 대법원장은 라모스와 아로요 대통령 당시 관료를 지냈으며, 2002년에 아로요 대통령에 의해 대법관으로 임명되었다. 그는 친 아로요 인사로 알려졌으며, 2010년 대선에서 아키노 대통령이 당선되면서 아로요 전 대통령의 불법행위에 대한 사법 처리 문제를 두고 행정부와 갈등을 빚다가 결국 탄핵되었다.

일반적으로 정치 엘리트는 정치체제 내에서 의사 결정권을 가진 사람들로서 "사회를 위해 가치를 권위적으로 배분"할 수 있는 능력을 가진 소수의 정치적 지배자를 의미한다. 필리핀의 정치 엘리트들은 전통적 지배 가문 출신으로 스페인 식민 통치 시대부터 형성되기 시작했다. 그 대표적인 예가 세부의 오스메냐(Osmenas)와 꾸엔코(Cuencos) 가문, 일로코스의 싱손(Singson) 가문, 리잘의 살롱가(Salongas)와 스물롱(Smulongs) 가문, 딸락의 아키노(Aquino) 가문, 바탕가스의 코후앙코(Cojuangcos)와 아우렐(Laurels) 가문 등이 있다. 이들 지역별 지배 엘리트 가문들은 스페인 통치 시절 식민 당국의 보호와 장려 속에 성장했으며, 각 지역을 기반으로 식민정책에 적극 협조함으로써 자신들의 관할 지역에서 절대적인 정치적 영향력을 행사했다. 거대한 토지를 소요하고 있는 이들 지배 가문은 자신들의 농지를 경작하는 소작농들과 후원-수혜 관계의 고리를 통해 정치·경제·사회적 영향력을 행사했다. 각 지역별 거대 지배 가문들의 영향력은 스페인 식민 통치 시대에 구축되어 미국 식민 통치 시기를 거쳐 독립한 이후에도 변하지 않고 지속되고 있다.

필리핀 정치 엘리트는 개인적인 능력보다는 출신 배경에 따라 탄생하는 경우가 좀 더 일반적이다. 이런 성향은 지역구 출신 하원 의원의 구성을 보더라도 알 수 있다. 지역의 정치 엘리트 가문은 막대한 경제력과 지역 기반을 갖고 있기 때문에, 전혀 새로운 정치 엘리트의 등장을 허용하지 않는다. 필리핀의 정치 엘리트들은 주로 법학을 전공해 변호사 자격을 취득하는 것이 가장 일반적이다. 필리핀 의회의 의원들 중 과반수가 변호사 자격을 가지고 있다는 사실이 이를 입증한다. 정치 엘리트로서 본격적으로 일선에 나서는 시기는 출신 지역에서 가문의 일원이 은퇴나 출마 제한 제도로 인해 공석이 발생했을 경우에 그 자리에 출마하는 것이다. 이처럼 필리핀의 엘리트 충원 구조는 지극히 패쇄적이며 오직 일부의 엘리트 가문의 일원에게만 문호가 열려 있다. 이런 한계를 극복하기 위해 전국적인 선거를 통해 선출되는 정당 명부 비례대표 제도가 도입되었다. 이는 사회의 소외 계층이 정치적으로 자신을 대변할 수 있도록 제도적으로 배려한 것으로서 일부 좌파 성향의 시민 단체들이 의회에서 일부 의석을 차지할 수 있는 것도 이런 제도에 근거한다.[5] 현 아키노 대통령은 필리핀에서 가장 거대한 정치·경제 엘리트 가문 출신이다. 대통령에 당선된 것도 본인의 정치적 능력이나 리더십 때문이라기보다는 전 대통령이었던 어머니 코리 아키노 여사의 후광을 입어 당선된 것으로 평가된다.

2) 필리핀의 경제의 특징

경제적 진화라는 관점에서 필리핀이 스페인의 식민 지배를 받았던 333년간의 기간은 1800년을 기점으로 크게 둘로 나눌 수 있다. 1800년 이전은 필리핀이 스페인 중심의 세계 체제로부터 영향을 크게 받았던 시기이고, 1800년 이후는 필리핀이 세계 체제의 주변부로 본격 편입되면서 스페인뿐만 아니라 영국·미국 등 자본주의 열강의 영향을 받게 되는 시기이다. 스페인 본국과 식민지 필리핀의 관계는 상대적으로 소원했다. 17~18세기의 스페인과 식민지 필리핀 간의 관계를 가장 극명하게 나타내는 표현이 '두 대양 너머'(two oceans away)라는 말이다. 이는 지리적으로 스페인과 필리핀이 두 개의 대양(대서양과 태평양)을 사이에 두고 있다는 것으로, 필리핀이 지리적으로나 심리적으로 스페인 본국과 상대적인 거리감이 컸음을 나타낸다.

필리핀은 스페인과 겔리온 무역으로 연결되어 있었다. 필리핀에서 겔리온 무역은 1570년대 초부터 시작되어 1815년까지 계속되었다. 이는 중국 등 아시아 각국과 필리핀, 그리고 스페인령 멕시코를 잇는

5_한편 대표적인 정당 비례대표로는 종교 단체를 지지 기반으로 하는 생명친화발전좋은거 버넌스(Buhay Hayaan Yumabong)와 부패와싸우는시민(CIBAC, Citizen's Battle Against Corruption), 좌파 세력을 배경으로 하는 국민우선(BAYAN MUNA), 가브리엘라(Gabriela Women's Party), 그리고 기업인 단체를 배경으로 하는 필리핀전기회사연합(APEC, Association of Philippine Electric Cooperatives) 등이 있다.

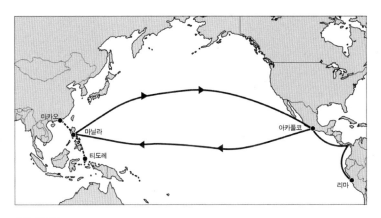

겔리온 무역 루트

삼각무역의 형태를 띠는데, 주로 중국 상인들이 아시아 각 지역에서
비단·도자기·향신료 등 사치성 소비재를 마닐라로 싣고 오면, 이를 스
페인 상인들이 다시 겔리온 선에 옮겨 실어 멕시코로 가져갔다. 돌아
오는 겔리온은 멕시코·페루 등에서 생산되는 은이나 은화를 싣고 왔
다. 한편, 멕시코로 옮겨온 동양의 사치성 재화들의 일부는 다시 스페
인으로 유입되기도 했다. 이런 겔리온 무역이 엄청난 이윤을 남겨 주
었기 때문에 필리핀의 스페인인들은 다른 경제적 활동(예컨대, 플랜테이
션 농업 경영)에 눈을 돌리지 않았다.[6]

　필리핀에 대한 스페인 식민 지배의 특성은 조방적이며 소극적이
고, 느린 속도로 전개되었다는 것이다. 스페인 본국인들이 대량으로

6_겔리온 무역에 관한 상세한 내용은 Legarda(1955; 1999)와 김동엽(2012)에서 인용했으
　며, 내용의 구체적인 출처는 인용 원문을 참조.

이주해 식민지를 개척했던 아메리카 대륙과 달리, 필리핀은 소수의 정부 관리나 가톨릭 수도사들만이 머물렀을 뿐이다. 그 결과 플랜테이션 등 식민지 농업경제를 식민 본국의 이주민들이 장악하고 있던 다른 식민지와는 달리 필리핀의 농업경제는 주로 토착 필리핀인들의 손에 남아 있었다. 겔리온 무역이 시작되면서 많은 중국계 상인들이 마닐라와 그 인근의 푸에블로(스페인이 만든 새로운 행정단위)에서 영업 활동을 했다. 이들 중 상당수는 가톨릭으로 개종하고 푸에블로에 머물러 살았으며, 원주민 상층계급의 딸과 결혼하는 경우가 많았다. 이를 통해 '중국계 메스티조 집단'이라는 새로운 이종 집단이 형성되었다. 이들 중국계 메스티조 집단은 대부분 정치·경제적 영향력을 가진 엘린트 계층을 이루었으며, 이들이 토착 지배 세력의 맹아로 성장했다.

이전까지 '자본주의 세계 체제'의 외부 지역에 머물던 필리핀은 1800년을 기점으로 세계 체제의 내부로 편입되어, 주변부의 역할을 맡게 된다. 이 시기에 필리핀은 설탕·담배·마닐라삼·코코넛 등을 생산하고 수출하는 열대성 상업 작물의 주된 생산지 역할을 맡게 되었다. 1815년 겔리온 무역이 중단된 후 1820년대부터 필리핀에서 플랜테이션 농업이 시작되었다. 이런 수출 농업의 발전은 수출 농업의 핵심적 생산자요, 대규모 농장의 소유자였던 필리핀 토착 지배계급의 경제적 입지를 크게 강화시켰다. 스페인인들을 비롯한 유럽인들도 플랜테이션 개발에 참여했지만 대부분 실패했다. 가장 큰 이유는 노동력을 구하기 힘들었기 때문이다. 라틴아메리카의 플랜테이션 농업도 서아프리카 해안 지역에서 획득한 대규모 흑인 노예 노동력이 없었다면 성공할 수 없었다. 유럽계 농장주들은 이런 대규모 노동력을 필리핀에서는 확보할 수 없었다. 반면에 토착 필리핀 지배 집단은 필요로 하는 노동력을 비교적 수월하게 확보할 수 있었다. 임금노동을 사용해서 플랜테이션 경영을 하려 했던 유럽인들과는 달리, 토착 지배 집단은 바랑가이 주민들에 대한 소작제도와 같은 다양한 노동력 동원 방법을 활용할 수 있었다. 19세기 말 이들 토착 엘리트는 높아진 경제적·사회적 지위에 걸맞은 정치적 역할을 요구하면서 스페인 식민 당국과 충돌하게 된다.

독립 이후 필리핀의 경제는 다섯 단계로 구분해 볼 수 있다. 첫째, 1946년 독립 이후 1953년까지는 미국과의 다양한 경제·군사적 조약들로 인해 미국의 식민지적 영향이 그대로 남아 있던 시대였다. 이 기간 동안 미국의 원조와 농산물 수출에 의존한 필리핀 경제는 거의 파탄 지경에 이른다. 대미 농산물 수출이나 광산 개발 등으로 이윤을 추구하는 세력들은 대부분 전통적 엘리트 계층인 지주계급들이었다. 극도로 악화되는 경제적 곤경은 급진적 사회 세력의 확산과 더불어 사회적 혼란을 가져오기도 했다.

둘째, 1953년부터 1961년 즉 막사이사이(R. Magsaysay) 대통령과 가르시아(Carlos P. Garcia) 대통령 재임 기간에는 미국의 묵인하에 수입 대체 산업화 정책과 필리핀 제일주의(Filipino First Policy)와 같은 민족주의적 보호주의 경제정책을 전개했다. 이 기간에는 이전의 자유주의 경제, 무역정책에 따라 대미 농산물 수출로 이윤을 추구하던 전통적 엘리트 계층과, 국가의 보호에 따라 새롭게 등장하는 산업자본가들 간의 갈등이 표면화되었다. 국가에서는 산업자본가들에게 유리한 여러 가지 경제정책을 펼쳤다. 이와 같은 보호주의적 경제정책은 파탄에 이른 필리핀의 경제 실태를 파악하기 위해 미국 의회에서 파견한 위원단의 조언에 따른 것이며, 경제적 파탄에 따라 공산 세력이 확대되는 것을 염려한 냉전 시대 미국의 대외 경제정책의 결과이기도 했다.

셋째, 이와 같은 산업 자본가에 대한 우대는 전통적 엘리트들의 저항에 직면했고, 민족주의적 보호주의 경제정책은 해외, 특히 미국의 자본가들로부터 필리핀 정부에 많은 압력을 가하게 되는 결과를 낳았다. 이런 배경하에 1961년 집권한 마카파갈(D. Macapagal) 정권은 여러 가지 경제 자유화 정책을 도입했고, 이런 경제정책 기조는 마르코스 독재 체제가 시작되는 1972년까지 지속되었다. 대외 경제정책의 자유화와 더불어 막대한 해외 자본이 외채의 형태로 유입되었으며, 이는 곧 결과적으로 필리핀의 대외적 경제 의존도를 한층 더 심화시켰다.

넷째, 1972년 계엄령과 더불어 시작된 마르코스 독재 정권은 사회적인 안정과 강력한 경제개발 의지의 표명으로 1970년대 중반 급속한 경제 발전을 이룩할 수 있었다. 그러나 장기 집권과 측근주의 정치는 전통적 엘리트 계층과 외국 자본가들을 소외시켰고, 이들의 저항에 직면하게 되었다. 표면적으로는 민족주의적 경제정책을 추구했지만, 막대한 해외 원조와 채무에 의존한 경제는 이미 많은 부분 국제금융 기구, 특히 세계은행의 영향에 따른 자유주의적 경제정책을 지속할 수밖에 없었다. 1970년대 말부터 시작된 경제 불황과 이에 따른 사회 혼란은 다시금 필리핀 경제를 파탄의 지경으로 몰아갔다.

다섯째, 1986년 민주화 이후 필리핀의 경제정책은 마르코스 시대와 달라지지 않았으며, 단지 그 주도 세력이 마르코스 측근들로부터 전통적 엘리트 계층으로 변화되었다는 것뿐이었다. 1992년 집권한 라모스(F. Ramos) 행정부 시기는 각종 경제개혁의 성공적인 시행으로 높은 경제성장률을 보였으며, 이는 필리핀 경제가 동남아의 새로운 신흥공업국으로 부상할 것이라는 희망을 갖게 했다. 그러나 1998년 에스

도심 속의 빈민가, 케손시   사진: 김동엽

트라다(J. Estrada) 대통령이 등장할 무렵, 동아시아 경제 위기가 본격적
으로 파급되면서 다시금 필리핀 경제는 어려움을 겪게 되었다.

　이처럼 필리핀 경제는 성장과 퇴보를 거듭하면서 주변 국가들과의
경제 발전 경쟁에서 뒤처졌으며, 동아시아 국가들이 급속한 성장을 구
가하던 1980년대에는 '아시아의 병자'(sick man of Asia)라는 오명을 얻
기도 했다. 필리핀 자본가들은 서구에서처럼 봉건적 국가권력에 대항
해 성장한 자본주의 주도 세력이라 볼 수 없고, 식민 정부의 보호 아래
특권을 누리던 지주계급이 그 근간을 이룬다. 이들은 국가의 독립과
더불어 정치 세력화함으로써 토지개혁과 같은 급진적인 사회변혁에
저항하는 수구 세력이 되었고, 필리핀이 세계경제로 편입되는 과정에
서 주변부 산업, 즉 농업이나 채광업의 주도 세력이 됨으로써 정치와
경제의 영역에서 지배적인 위치를 강화했다. 국가는 자본에 의해 사적

표 2-3 | 필리핀 주요 경제지표 (2009~2012년)

구분	2009	2010	2011	2012
GDP(억 달러)	1,683	1,996	2,248	2,504
경제성장률(%)	1.1	7.6	3.9	6.6
인구(백만 명)	98.0	99.9	101.8	103.7
1인당 GDP(달러)	1,831	2,135	2,357	2,587
실업률(%)	7.3	7.5	7.3	7.0
소비자물가 상승률(%)	2.7	4.2	4.0	1.9
재정 수지/GDP(%)	-3.3	-3.5	-1.9	-2.4
환율(페소/미 달러)	47.7	45.1	43.2	43.0
경상수지/GDP(%)	5.6	4.5	3.1	2.8
외환보유액(백만 달러)	44,243	62,373	83,967	83,831

자료 : World Bank data, IMF data.

인 목적으로 이용되는 가산제적 국가의 성격을 유지했으며, 민중은 국가와 자본에 대항할 수 있을 정도의 정치적 힘을 축적하지 못했다.

최근 필리핀은 아시아 국가들 중에서도 높은 경제 성장률을 보이고 있으며, 아시아의 새로운 호랑이 경제로 발돋움하고 있다는 평가가 나오고 있다. 그러나 이런 높은 경제 성장률이 국민들 전반의 생활 경제 향상으로 이어지고 있는지에 관해서는 회의적인 시각이 많다. 실업률은 여전히 높게 유지되고 있으며, 저소득 분야인 농업과 서비스 업종에 대부분의 노동력이 집중되어 있다. 필리핀의 산업구조를 살펴보면, 국민총생산(GDP)에서 가장 많은 비중을 차지하는 분야는 서비스업으로 약 56퍼센트이며, 광공업이 32퍼센트, 그리고 농업이 12퍼센트를 차지하고 있다. 필리핀에서 서비스업에 종사하는 사람들은 대부분 쇼핑몰과 같은 단순 서비스를 제공하는 경우가 많으며, 장시간 노동과 저임금으로 시달리고 있다. 근래 필리핀 정부에서는 양질의 고소득 서비스 일자리를 창출하기 위해 다국적기업들의 콜센터를 중심으로 한 아웃소싱(Business Process Outsourcing, BPO) 산업을 적극 유치해

표 2-4 | 필리핀 대외 수출·수입 주요 국가 현황

단위 : FOB 기준 백만 달러

국가	2010		2011		2012		증감률(%)	
	수출	수입	수출	수입	수출	수입	수출	수입
일본	7,841	6,744	8,886	6,516	9,881	6,446	11.2	-1.1
미국	7,559	5,886	7,101	6,535	7,395	7,118	4.1	8.9
중국	7,524	4,627	6,237	6,085	6,159	6,663	-1.2	9.5
싱가포르	4,336	5,187	4,278	4,899	4,863	4,402	29.0	-10.1
홍콩	7,318	-	3,701		4,776		27.3	
한국	2,243	3,833	2,237	4,419	2,862	4,504	28.3	1.9
대만	2,430	3,675	1,993	4,209	2,445	4,832	-3.9	14.8
태국	1,783	2,451	1,906	3,463	1,956	3,446	-7.5	-0.5
독일	1,752	-	1,726	-	1,915	-	13.1	-
말레이시아	-	1,735	1,099	2,597	1,016	2,407	-4.5	-7.3
인도네시아	-	1,629	-	2,459	-	2,732	-	11.1
EAE	-	-	-	1,729	-	1,944	-	12.4
총계	51,498	54,933	48,304	60,459	51,994	61,659	7.6	1.9

자료: National Statistical Coordination Board(2012), Philippines.

높은 성장세를 보이고 있다.

산업 인프라가 제대로 구축되지 못한 필리핀은 다양한 민간 자본을 유치해 각종 기간 시설을 포함한 건설 사업이 큰 폭으로 성장하고 있으며, 2012년만 해도 전년 대비 24.3퍼센트가 성장한 것으로 나타났다. 제조업은 주로 외국인이 투자한 다국적기업에 의해 주도되고 있으며, 반도체 등 전자 산업 및 의류 산업 등 재수출용 산업이 주류를 이루고 있다. 또한 소비 중심 경제라는 특성이 반영되어 내수를 위한 제조업은 식품 가공업, 음료, 통신업 등이 주로 발전하고 있다. 농업은 코코넛·바나나·파인애플 수출이 주를 이루며, 풍부한 강수량과 2모작이 가능한 기후에도 불구하고 대지주 중심의 토지제도, 관개시설 부족, 우량종자 미보급 등으로 아직까지 쌀 수입국에 머물러 있다. 필리핀의 주요 무역 상대국은 〈표 2-4〉에서도 볼 수 있는 바와 같이 일본·미국·중국 등이다. 특히 중국의 영향력이 지속적으로 증가하고 있으며, 홍콩을 포함한다면 중국은 이미 필리핀 제1의 무역 상대국이다.

필리핀 경제성장의 동력은 전체 인구의 약 10퍼센트에 이르는 것으로 추산하고 있는 해외 파견 근로자들이 보내오는 송금이다. 필리핀은 중국·인도·멕시코에 이어 세계에서 4번째로 많은 국민을 해외 근로자로 파견하고 있으며, 이는 영어 구사 능력을 갖춘 우수한 인력과 국내의 높은 실업률, 그리고 정부의 적극적인 지원 정책에 기반하고 있다고 볼 수 있다. 필리핀 해외 근로자는 전 세계 2백여 개나 되는 국가에 파견되어 있으며, 이 중 약 60퍼센트 이상이 사우디아라비아나 아랍에미리트 등 중동 지역에 파견되어 있다. 이들이 보내오는 송금액 규모는 필리핀의 국민총생산의 약 10퍼센트에 해당하는 것으로 2012년에는 약 240억 달러에 달했다. 이 송금액은 필리핀의 풍부한 외환 보유고의 기반이 됨은 물론 국내 소비 시장을 활성화시키는 데 중요한 기여를 하고 있다.

국내 산업 분야에서는 풍부한 영어 구사 노동력과 저렴한 인건비, 그리고 정부의 정책적 지원에 힘입어 2010년에는 인도를 제치고 전 세계 아웃소싱 산업 최대의 국가로 부상했다. 이 분야에 종사하는 사람은 약 70만 명을 상회하는 것으로 추정하고 있으며, 매년 130억 달러의 매출액을 기록해 국민총생산의 10퍼센트에 해당하는 것으로 추정된다. 아웃소싱 산업은 특히 마닐라와 같은 대도시 중심지 빌딩 공간의 70~80퍼센트를 차지하고 있으며, 업무의 특성상 근로자들이 24시간 교대 근무를 하는 경우가 많아 심야 요식업이나 교통과 같은 파생 산업이 동시에 발전하고 있다.

2010년에 집권한 아키노 행정부는 부패 척결, 재정 적자 축소와 더불어 민관 협력(Public-Private Partnership, PPP)을 통한 인프라 개발을 3

대 경제 발전 정책으로 천명하고, 인프라 건설 사업에 민간 부분의 참여를 적극적으로 유치하고 있다. 필리핀 정부는 열악한 산업 인프라의 문제점을 인식하면서도 국가 재정의 부족으로 적극적인 개발에 나서지 못하고 있다. 이에 따라 민간 부분의 자본과 전문성을 활용하는 정책을 추진하고 있으며, 필리핀 경제의 최우선 과제인 포괄적 성장(inclusive growth)을 구현하기 위해 무엇보다도 대형 인프라 사업을 통한 일자리 창출에 주력하고 있다. 최근 필리핀 정부 차원의 적극적인 지원에 힘입어 민관 협력 프로젝트에 대한 신뢰성과 투명성이 확보되었다는 인식이 뿌리내리면서 많은 외국 기업들이 현지 기업과 컨소시엄을 구성해 대형 인프라 건설 사업에 참여하고 있다(주필리핀한국대사관 2013).

4. 필리핀의 대외관계

필리핀 외교정책의 3대 축은 1991년에 발효된 필리핀 외교 법령(Republic Act No.7157)에서 규정하고 있다. 우선, ① 국가 안보의 확보와 증진을 추구하고, ② 경제 안보를 증진하고 경제 발전을 성취하며, ③ 해외에 거주하는 필리핀 국민들의 권리를 보호하고, 이들의 복지와 이익을 증진시킨다는 것이다. 이 세 가지 외교정책의 기본 축은 상호 긴밀히 연결되어 있으며, 필리핀 외교부는 이들을 서로 분리해서 생각하지 않는다.[7]

필리핀은 외교정책의 목표인 국가 안보를 성취하기 위해 동남아 지역 국가들과의 관계를 공고히 하고자 노력하고 있다. 동남아국가연합(ASEAN, Association of Southeast Asian Nation, 이하 아세안)을 21세기 필리핀 외교정책의 초석으로 간주한다. 즉 회원국들과 양자 관계를 공고히 하고, 아세안을 통해 영토 분쟁을 해결하며, 아세안 공동체의 실현을 위해 노력을 경주하고 있다. 필리핀은 또한 아세안을 통해 주변국들, 즉 중국·인도·일본·한국·호주·뉴질랜드 등과 상호 호혜적 안보·국방 협력을 논의하는 것을 기본 외교정책으로 하고 있다. 또한 미국과의 협력 관계를 강화하고, 상호방위조약(Mutual Defense Treaty)의 공고화를 국가 방위 근대화의 결정적 요소임을 인정하고 있다. 또한 필리핀은 지속적으로 중동 국가들과 긴밀한 협력을 통해 민다나오 문제, 팔레스타인 문제, 그리고 국제테러리즘에 대처해야 한다고 강조하고 있다. 필리핀 정부는 전통적인 국가 안보에만 집착하는 것이 아니라 새롭게 등장하는 초국가적 범죄, 해적, 테러리즘 등 인권을 위협하는 요소들에 대한 국제 협력을 증진시키고 있다. 필리핀은 전통적으로 경제외교에서 중요시되었던 동아시아·미국·유럽뿐만 아니라 남아시아·중앙아시아·남미·중동과 아프리카 등과도 긴밀한 외교적 협력을 추구하고 있다. 각종 국제 협약에서 필리핀과 입장이 유사한 개발도상국들과 협력을 강화하고, 국제적 불평등 구조를 개선해 가는 데 협력하는 정책을 추진하고 있다.

　재외 국민들의 권리를 보호하고 복리를 증진시키는 것은 필리핀

7_필리핀 대외관계에 관한 내용은 주로 조흥국 외(2011, 284-305)에서 인용했으며, 좀 더 구체적인 출처에 관해서는 인용 원문을 참조.

외교정책에서 중요한 부분을 차지한다. 해외에서 곤경에 처한 국민들에 대해 필리핀 정부는 최대한의 지원을 제공하며, 비록 판결된 불법 행위라 할지라도 선처를 요구하는 외교적 노력을 경주한다. 재외 국민들과 관련된 사안들이 광범위해짐에 따라 필리핀 정부는 해외 근로자와 관련된 양자 간, 역내 혹은 국제적 협정을 추구하고 있다. 필리핀 재외 국민들의 주요 국가별 거주 현황에 대한 필리핀 통계청의 집계를 살펴보면, 2010년 현재 미국에 약 290만 명, 사우디아라비아에 116만 명, 말레이시아에 90만 명, 캐나다에 64만 명, 그리고 아랍에미리트에 약 60만 명 정도가 있는 것으로 나타난다.

필리핀은 역사적으로 주변국들과의 관계를 중시하는 지역주의 외교정책을 적극적으로 추진해 왔다. 냉전이 한참이던 1954년에 중국 공산화의 영향으로 공산주의가 확산되는 것을 막기 위해 만들어진 친서방 지역 기구인 동남아조약기구(Southeast Asia Treaty Organization, SEATO)에 필리핀은 역내에서 태국과 함께 참여하기도 했다. 다른 한편, 필리핀은 1955년 인도네시아 반둥에서 개최된 아시아-아프리카 비동맹 회의에도 참여함으로써 유연한 외교적 행태를 보여 주기도 했다. 1960년대 필리핀은 동남아 지역에서 지역주의 움직임을 촉발시키는 데 중요한 역할을 담당했다. 1961년 필리핀의 가르시아 대통령은 동남아 국가들 간의 경제·문화적 교류를 확대하기 위한 방안으로 동남아연합(Association of Southeast Asia, ASA)을 제안함으로써 동남아에 지역주의의 토대를 놓았다. 1963년에는 마카파갈(Diosdado Macapagal) 대통령이 인종적·문화적 유사성을 바탕으로 말레이시아·인도네시아·필리핀 간에 유사 연방 체제인 마필린도(Maphilindo)를 만들 것을 제창했다. 그러나 이 제안은 말레이 연방의 확대와 관련된 이견과 사바 지역에 대한 필리핀의 영유권 주장으로 그 추진력을 상실했다.

이후 마르코스 대통령 때인 1967년에는 아세안이 발족하는 데 적극적으로 관여했다. 1960년대 말 마르코스 행정부는 필리핀 외교정책의 중심 기조 세 가지를 발표했다. 이는 국가이익 추구, 경제 발전, 그리고 지역 협력의 증진과 평화 애호 국가들과의 우애 등으로, 지역 협력이 필리핀 외교의 중심 기조에 포함되어 있음을 알 수 있다. 이와 같은 지역주의 외교 기조는 1970년대 독재 정권 시기에도 지속되었다. 마르코스 대통령은 필리핀 외교 가이드라인을 통해 필리핀 외교의 최우선 순위로 동남아 문제에 깊이 관여할 것을 지시하기도 했다.

1986년 민주화는 필리핀 외교정책에서 아세안의 중요성이 더욱 강화되는 결과를 낳았다. 민주화와 더불어 취임한 아키노 대통령은 취임 후 최초의 순방국으로 인도네시아와 싱가포르를 방문했다. 이는 그동안 새로운 대통령이 취임하면 최초의 해외 순방으로 미국을 방문하는 관례를 깨는 일이었다. 필리핀은 1980년대 말 탈냉전과 함께 아시아-태평양 지역에서의 국제 관계가 다극화 추세로 변화하고 있다고 인식했다. 더불어 국내의 민족주의 감정의 부상과 이에 따른 1991년 미군기지 철수는 주변국과의 공조 체제를 더욱 강화시키는 결과를 가져왔다. 필리핀은 1992년에 아세안자유무역지대(ASEAN Free Trade Area, AFTA) 협정에 적극 참여함으로써 역내 경제 협력을 강화함은 물론, 1994년에 발족한 아세안지역포럼(ASEAN Regional Forum, ARF)에 적극 참여해, 미군기지 철수로 약화된 국가 안보 및 영토 분쟁의 해결 기제로서 지역 협력체에 적극 의존하는 태도를 보여 주고 있다.

필리핀은 남중국해의 난사군도(南沙群島, Spratly)에 대한 영유권을 둘러싸고 주변국인 베트남·말레이시아·브루나이, 그리고 중국 및 대만 등과 다투고 있다. 필리핀 정부는 난사군도 문제를 상호 평화적 방법으로 해결해야 한다는 기본 입장과 함께 이 문제를 아세안을 중심으로 한 다자간 틀에서 논의할 것을 거듭 주장하고 있다. 필리핀은 난사군도에 대한 영유권을 놓고 베트남과 경쟁적 관계에 있지만, 양국 간에 직접 충돌로 이어진 경우는 없다. 오히려 영유권 분쟁이 주로 베트남과 중국, 필리핀과 중국 사이에서 벌어짐에 따라 같은 아세안 회원국으로서 중국에 대해 외교적으로 공동보조를 취하려는 입장을 보이고 있다.

아세안 역내 국가들 가운데 필리핀과 가장 긴밀한 협력 관계를 유지하고 있는 국가는 태국이다. 태국은 동남아 국가들 가운데 필리핀과 더불어 유일하게 동남아조약기구의 회원국이었으며, 미국과의 친밀한 외교 관계를 유지하는 등 외교적 성향에서 유사하다. 더불어 다양한 이해관계로 얽혀 있는 동남아 지역 내 문제들에서도 태국은 필리핀과 이해관계가 충돌한 적이 없다. 역내에서 필리핀과 가장 많은 문제를 공유하면서도 또한 밀접한 협력 관계를 유지하고 있는 국가는 말레이시아이다. 말레이시아는 보르네오 동부 사바 지역에 대한 필리핀의 영토주권 주장에 대해 이곳에 정주하고 있는 필리핀 사람들을 추방하는 등 외교적 마찰을 빚기도 했다. 1967년 아세안이 설립된 이후 필리핀은 사바 지역에 대한 영토주권을 주장하지 않고 있지만, 국민들의 감정에는 앙금이 남아 있다. 필리핀은 남부 민다나오의 이슬람 분리주의 운동을 해결하는 데 있어서 주변 이슬람 국가인 인도네시아와 말레이시아의 중재를 적극 활용하고 있다. 정부와 반군 간의 협상은 주로 말레이시아에서 진행되는데, 이는 제3국이면서 반군의 안전을 보장받을 수 있다는 점을 고려한 것이다. 현 아키노 정부가 진행하고 있는 모로이슬람해방전선(Moro Islamic Liberation Front, MILF)과의 협상도 말레이시아의 쿠알라룸푸르에서 진행하고 있다.

필리핀에게 미국은 가장 중요한 우방이며, 역사적으로나 문화적으로 많은 부분을 공유하고 있는 국가이다. 식민지의 유산으로 남아 있던 미군 기지는 1991년 필리핀 상원이 기지 연장 안을 거부함으로써 철수하게 되었다. 점진적인 미군 기지의 철수는 필리핀 정부의 정책 방향이었지만 즉각 철수는 양국 정부는 물론 국민들도 예기치 않았던 하나의 사건이었다. 미군 기지의 철수가 결정된 직후 닥쳐올 경제적 어려움과 미국과의 불편한 관계로 인해 야기될지 모를 문제들로 인해 필리핀 국민들은 많은 염려에 휩싸였다. 그러나 이런 두려움과 염려는 곧 불식되었으며, 1996년에 미 해군기지였던 수빅(Subic)은 외국인 투자 18억 달러를 유치하고, 6만6천 명에게 직장을 제공하는 활기찬 자유무역항으로 거듭났다. "군인으로서 돌아갔던 미국인들이 이제는 투자자가 되어 되돌아오고 있다."라는 말처럼 많은 필리핀 국민들은 이제야 미국과 진정한 의미에서의 파트너가 되었다고 평가했다.

미군기지가 철수한 이후에도 필리핀과 미국은 1951년에 조인된 상호방위조약의 틀을 지속적으로 유지하고 있다. 이 조약에 따르면, "양국 중 일방이 제3국으로부터 군사적 공격을 받았을 경우 이에 공동으로 대처한다."고 규정하고 있다. 한편 양국 간에는 1999년 새로운 군사협정으로서 방문군사협정(Visiting Forces Agreement, VFA)이 체결되었다. 이를 통해 미군은 필리핀에 방문해 합동 군사훈련은 물론 필리핀 국내의 반군에 대한 진압에 투입되기도 했다. 필리핀에서는 필리핀을 방문하는 미군에 대한 사법 관할권이 미국에 있다는 점에서 많은 논란이 제기되기도 했다. 한편 미국은 9·11테러 사건 이후 전 세계적으로

테러와의 전쟁을 선포하면서 세계 각국의 동참을 촉구했는데, 아시아에서 가장 적극적으로 미국에 동조한 국가가 필리핀이었다.

　필리핀의 입장에서 미국과의 군사동맹은 혹시 있을지 모를 난사군도 문제를 둘러싼 중국과의 군사적 충돌에 대비해 기댈 수 있는 최후의 보루인 셈이다. 이는 필리핀이 난사군도에서 문제가 발생할 때마다 미국의 입장을 거듭 타진하는 모습에서도 감지할 수 있다. 미국은 상호방위조약을 준수할 것이라는 입장을 거듭 천명하지만, 여러 국가들이 관여해 있는 난사군도에 대한 필리핀의 영유권 주장을 전적으로 받아들이는 태도를 취하지는 않고 있다. 미국은 필리핀을 포함한 이해당사국들이 평화적인 방법으로 문제를 해결할 것을 거듭 주장하고 있다. 특히 지역협력체인 아세안의 대화 틀 속에서 대화를 통한 평화적 방법으로 문제를 해결할 것을 주문하고 있다.

　한편 독립 이후 필리핀이 중국과 외교 관계를 시작한 것은 중국의 공산 정권이 국제사회에서 인정을 받기 시작한 1975년이었다. 국교 수립 이후 양국은 수차례에 걸친 정상급 외교를 통해 다양한 외교 현안들을 논의했다. 특히 1996년 중국의 장쩌민 주석의 필리핀 방문에서는 양국 간 가장 큰 외교적 사안이었던 난사군도 문제에 대해 "논쟁을 그만두고, 공동 개발을 향해 나가자"는 제안에 합의하기도 했다. 2000년 들어서는 양국 간에 '21세기 양자 협력에 관한 틀'을 공동성명의 형태로 발표하기도 했다. 이는 양국이 우호적 이웃, 협력, 상호 신뢰와 이익에 바탕을 둔 장기적이고 안정적인 관계를 구축했음을 천명하는 것이었다. 이에 따라, 중국은 2000년에 1백만 달러의 차관을 필리핀에 제공했으며, 2003년에는 중국의 원조로 중국-필리핀 농업기술센터를 설립했고, 2004년에는 어업 협력에 관한 협정을 체결했다.

산업부문에 있어서는 2003년에 필리핀 북부 루손 철도 사업에 양국이 협력한다는 양해 각서에 조인했으며, 2005년에는 필리핀의 무역산업부와 중국의 상무성 간에 사회 기반 시설 분야에서 양국이 상호 협력한다는 양해 각서에 서명했다. 양국 간에는 투자와 무역뿐만 아니라 문화, 기술, 법률, 그리고 관광 등 다양한 분야에서 교류와 협력 관계를 확대해 가고 있다. 양국 간에는 국가 차원뿐만 아니라 지방정부 차원에서도 활발한 교류가 이루어지고 있으며, 24개의 자매도시 관계가 수립되어 있다. 또한 군사적 교류 체계도 구축되어 있는데, 2002년에는 양국의 국방 장관이 상호 방문했으며, 필리핀의 군함이 중국에 입항하기도 했다. 2004년에는 양국 간 국방과 안보에 관한 연례 협의 체제를 구축했다.

필리핀과 중국 관계에 있어 가장 중요한 외교적 현안은 난사군도 문제이다. 필리핀은 중국에게 난사군도 문제에 관해 1982년 재정된 유엔해양법(UN Convention on the Law of the Sea)에 근거한 평화적 방법으로 문제를 해결할 것을 요구하는 한편, 아세안을 중심으로 문제에 접근하는 방안으로서 실행 선언(Declaration of Conduct, DOC)의 이행과 실행 원칙(Code of Conduct, COC)을 조기에 구축할 것을 촉구하고 있다. 그러나 이런 필리핀의 요구에 대해 중국은 미온적인 반응을 보이고 있다. 중국은 남중국해의 주권 문제에 관해서는 기존의 입장을 되풀이하고 있으며, 이에 대해 어떠한 타협의 여지도 남기지 않고 있다. 중국이 영유권으로 주장하는 점선(9-dash line) 안에는 난사군도의 모든 섬이 포함될 뿐만 아니라, 필리핀 연안에서 85해리까지 그 영역이 미친다. 이는 유엔해상법에 따른 필리핀의 독점적 경제수역인 2백 해리를 침범하고 있다. 필리핀 외교부 장관(Albert Del Rosario)은 중국의 영유권 주장이 합리적으로 논의되지 않을 시에는 필리핀의 주권과 사법권의 침해는 물론 다른 많은 국가들의 영해상 항해의 자유가 침해받을 소지가 많다고 밝히기도 했다(Lee-Brago 2011).

2011년 9월 중국을 방문한 아키노 대통령은 중국의 여러 기업들로부터 필리핀의 사회 기반 시설 구축 사업에 130억 달러를 투자할 것을 약속 받았으며, 향후 5년간 6백억 달러 규모의 투자를 약속받았다. 그러나 난사군도 문제에 관해서는 중국 측의 미온적인 태도로 인해 기존의 평화적 해결 방안을 추인하는 정도에 그침으로써 별다른 성과를 거두지 못했다. 중국 방문 시 아키노 대통령은 2백 명이 넘는 경제계 인사를 대거 대동함으로써 경제 관계에서 중국이 갖는 중요성을 간접적으로 시사했다. 이는 중국에 이어 미국을 방문할 때 소수의 경제계 인사만을 대동한 것과 대조를 이루었다. 아키노 대통령이 미국에서 거둔 경제외교 성과는 미국 음료 회사로부터 1억 달러에 해당하는 필리핀 코코넛 구매 약속을 받아 낸 것에 불과했다. 반면 미국으로부터 2대의 헤밀턴급 해군 감시정 2대와 다수의 헬리콥터를 구매하는 데 합의했다(Santolan 2011). 이는 필리핀의 외교 관계에서 중국과 미국의 무게중심이 변화하고 있음을 암시하는 대목이다. 중국의 막대한 경제적 투자는 미국의 투자 규모를 월등히 초과하고 있다. 필리핀은 급속히 부상하는 중국의 경제적 영향력과 미국의 정치·군사적 영향력 사이에서 고민스러운 외교적 현실에 직면하고 있다.

일본과의 관계는 15세기 동아시아 무역 네트워크가 활성화되면서부터 시작되었으며, 1571년 마닐라에 도래한 스페인 사람은 마닐라에 거주하고 있는 일본인 20명에 대한 기록을 남기고 있다. 1600년대 초에는 일본의 수많은 주인선(red seal ship)들이 마닐라에서 중국의 비단이나 도자기 등을 은과 교환하기도 했다(Reid 1993, 18). 일본은 태평양 전쟁 당시인 1941년 12월 필리핀에 있던 미군을 몰아내고 형식적이나마 미국으로부터 필리핀을 독립시켜 필리핀 정부를 구성토록 하기도 했다. 오늘날 일본의 침략과 점령에 대한 필리핀 국민들의 반감은 존재하지 않는다. 전후 일본이 필리핀에 막대한 공적개발원조(ODA)를 제공하면서 긴밀한 협력 관계를 유지해 왔기 때문으로 볼 수 있다.

필리핀에게 일본은 미국과 중국에 이어 외교의 최우선국에 포함되며, 필리핀 경제 발전에 중요한 역할을 담당하고 있다. 일본은 필리핀에게 최대 규모의 공적개발원조를 제공할 뿐만 아니라, 교역의 측면에서도 수위를 차지하는 국가이다. 필리핀은 2006년 일본과 자유무역협정(FTA)을 체결했다. 이를 통해 2007년부터 일본의 산업 제품에 대한 관세율을 10년간 점차적으로 삭감하고, 필리핀 자동차 및 전자 산업에 직접 투자하는 일본 투자자에게 FTA를 체결하지 않은 국가들과 차별화되는 혜택을 제공하기로 했다. 이에 대해 일본 정부도 필리핀 간호사 및 간병인의 일본 진출을 허용하기로 했다. 또한 필리핀으로부터 수입되는 농·수·축산물, 가공식품 및 기타 부산물에 대한 관세를 최대 10년 내에 단계적으로 삭감·폐지해야 하고, 이 상품에 대한 수입 할당량도 단계적으로 늘리기로 했다. 2011년 1월 필리핀은 일본으로부터 도로 개선과 보전을 위해 4백억 엔에 달하는 공적개발원조 차관을 제공 받기로 합의했다. 일본이 특별히 필리핀의 사회 기반 시설에 적극적으로 투자하는 이유는 열악한 사회 기반 시설이 필리핀의 경제 발전에 걸림돌이 되고 있다는 분석에 기초하고 있다. 또한 이를 통해 일본 기업의 필리핀 투자 환경을 개선하기 위한 목적도 있다.

정치·안보적 측면에서 필리핀은 잠재적으로는 일본의 군사 대국화를 경계하지만, 기본적으로 미·일 안보 동맹 틀 내에서 일본의 군사적 역할을 인정하는 측면이 강하다. 이는 동아시아 지역에서 새로운 패권으로 부상하는 중국을 견제하는 미국의 입장을 역내에서 대변하는 국가로 일본과 입장을 함께하기 때문이기도 하다. 지난 2011년 9월 중국에 이어 일본을 방문한 아키노 대통령은 중국 방문 시 논의된 사항에 대해 설명하고 경제협력은 물론 지역안보 문제에 관해 폭넓은 논의를 했다. 특히 정치·안보 분야에 관해 양국 정상은 정상회담이나 장관급 회담은 물론 다양한 대화 채널을 구축하고 해상 안보를 위해 상호 협력할 것에 합의했다. 이 자리에서 일본의 노다(Noda) 수상은 필리핀 정부의 민다나오 반군 문제를 해결하는 데에 지속적인 지원을 제공할 것을 약속하기도 했다. 이는 지난 2011년 8월 4일 아키노 대통령이 도쿄에서 이슬람 반군 최대 조직인 모로이슬람해방전선(MILF)의 지도자인 무라드(Al Haj Murad Ibrahim)를 비밀리에 만나 평화협정에 관해 논의한 것을 상기시키는 대목이다. 필리핀의 국가원수가 반군의 지도자를 비밀리에 제3국에서 만난다는 것은 필리핀에서도 최초의 일이었으며, 그것이 일본에서 이루어졌다는 것은 양국 간의 긴밀한 외교적 관계를 대변한다고 볼 수 있다.

| 제3장 |

한국과 필리핀의 교류사

1. 삼국시대와 필리핀

한국과 필리핀의 교류사는 논란의 여지가 있지만, 일부 사료와 연구들을 통해 약 6세기, 즉 삼국시대까지 거슬러 올라간다. 이를 뒷받침하는 사료로는 중국 하남성 낙양시 북망산에서 출토된 비석인 '흑치상지묘지명'(黑齒常之墓誌銘)이 있으며, 이는 백제 시대 왕족인 흑치상지 가문의 내력을 밝히고 있다.

이 비문에는 "부군(府君)의 이름은 상지(常之)이고, 자(字)는 항원(恒元)이며 백제인(百濟人)이다. 그 선조는 부여씨(扶餘氏)에서 나와 흑치(黑齒)에 봉(封)해졌으므로 자손(子孫)이 인(因)해 씨(氏)를 삼았다."고 나와 있다.[8] 여기서 흑치상지의 선조는 부여씨 왕족이었음을 알 수 있다. 또한 흑치상지의 선조들이 흑치에 분봉된 정치·사회적 배경은 "치소성

(治所城)을 이름하여 고마(固麻)라고 한다. 읍(邑)을 담로(檐魯)라고 하는 데 중국에서 말하는 군현(郡縣)과 같은 것이다. 그 나라에는 22담로가 있는데 모두 자제종족(子弟宗族)을 이곳에 분거(分據)시킨다."라고 했듯이 왕족을 파견해서 통치하는 담로체제(檐魯體制)를 가리킨다. 그러면 흑치는 지금의 어디를 가리키는 것일까? 일부 사학자들은 흑치를 국내의 당시 백제 영토로 한정하고 있지만, 1463년(세조 8년)에 유구국(琉球國) 사신에게 흑치의 소재지를 묻는 기록을 보면 흑치의 위치를 한반도 바깥에서 찾았던 조선 초기인들의 지리 관념을 읽을 수 있다.

'흑치상지묘지명'이 작성된 당대(唐代)를 기준해서 중국인들이 예전부터 알고 있던 흑치의 위치를 추적해 볼 수 있다. 그 묘지록의 작성자는 중국인이었으며, 흑치상지 역시 중국의 당(唐)나라에서 무장으로 활약하다가 사망했다. 그런 만큼 중국적인 세계관 속에서 흑치의 위치를 찾는 것이 지극히 온당하다고 본다. 당의 방현령(房玄齡, 578~648)이 주석(註釋)한 「관자」(管子)에 따르면 흑치를 "모두 남이(南夷)의 국호(國號)이다."라고 했다. 그렇듯이 당대인(唐代人)들은 흑치가 동남아 지역이라는 공간적 인식을 지녔다. 이런 맥락에서 볼 때 『삼국지』(三國志) 위서(魏書) 왜인(倭人) 조(條)에 "또 그 나라 남쪽으로 주유국(侏儒國)이 있는데 사람들의 키는 4척(尺)이며, 야마대국(邪馬臺國)으로부터 4천여 리(里) 떨어져 있다. 또 나국(裸國)·흑치국(黑齒國)이 다시금 그 주유국 동남쪽에 있는데 배를 타고 1년이면 도달할 수 있다."는 내용이 주목

8_흑치의 소재에 관한 논의는 이도학(1991, 34-5)에서 인용했으며, 내용의 구체적인 출처에 관해서는 발췌 원문을 참조.

된다. '흑치'가 "남만전"(南蠻傳)에 수록되어 있는 관계로 대략의 위치를 가늠하게 한다. 이런 기사를 토대로 중국의 양가빈(梁嘉彬)은 일찍이 흑치의 위치를 지금의 필리핀으로 판단했다.[9]

　요컨대 백제 왕실이 흑치상지의 선조를 흑치에 봉했고, 이런 분봉은 영역적 개념이 수반된 것이므로 백제의 해외 거점과 연결 지을 수 있다. 좀 더 면밀한 역사적 고증이 필요하지만, 흑치상지의 선조부터 필리핀과 밀접한 관련을 가지고 있었음을 추측할 수 있다. 이런 주장에 대한 증거로 일부 흥미로운 사실을 발견할 수 있다. 우선 필리핀인들에게서 나타나는 몽고반점이 그것이다. 일반적으로 몽고반점은 북방계 민족, 즉 몽고인, 한국인 및 알래스카인 등 일부 민족에게서만 나타난다. 이는 중국인, 일본인, 기타 동남아 민족에게서는 찾아보기 힘들다는 것이 정설이다. 그러나 필리핀인들에게는 몽고반점을 쉽게 찾아 볼 수 있으며, 전체 신생아 중 약 80~90퍼센트에 해당하는 아이들에게 나타난다. 이를 필리핀의 일로코스 지방에서는 시딩방가(Siding Banga)라고 부르며, 마닐라 지역에서는 발랏(Balat)이라고 부른다. 또다른 증거로는 한국과 흡사한 농기구를 사용하는 것과 한국의 장독대와 유사한 것이 일로코스 지방에서 발견이 되고 있다는 것이다. 이것의 용도가 한국의 김치와 유사하게 식초를 발효할 때 사용한다는 사실은 놀라운 일이 아닐 수 없다. 비록 학술적인 검증이 수반되어야 할 일이긴 하지만 한국과 필리핀 간의 교류가 삼국시대까지 거슬러 올라간

9_흑치국의 필리핀 비정에 대한 자세한 설명은 이도학(1996; 2010)을 참조했으며, 내용의 구체적인 출처에 관해서는 발췌 원문을 참조.

다는 단편적 증거와 주장들은 흥미로운 내용임에 틀림없다.

2. 식민지 필리핀 사료에 언급된 한국

동남아 국가들 중 베트남을 제외한 대부분의 국가들은 실록을 정리해 후대에 남기지 않았다. 따라서 식민지 이전의 기록들은 대부분 비문과 같은 제한된 자료를 근거로 당시의 상황을 추정하고 있다. 필리핀의 경우에도 스페인이 도래하기 이전에 존재했던 기록으로는 남부 민다나오 지역의 이슬람 술탄이 자신들의 가문의 역사를 기록한 사료(Tarsila) 정도이다. 필리핀은 다른 동남아 국가들과는 달리 서구 세력이 도래하기 이전에 중앙 집권화된 권위 구조가 발달해 있지 않았다. 이는 곧 역사적 사실을 추측해 볼 수 있는 유적지의 부재를 의미한다. 따라서 스페인이 도래해 마주치게 된 현지인들의 생활상을 기록한 자료들이 필리핀의 초기 생활상을 살펴볼 수 있는 문헌 자료가 되고 있다. 이처럼 필리핀의 초기 생활상과 스페인 식민지 역사를 연구한 자료로 종종 등장하는 것이 『필리핀군도, 1493~1898』이다. 이는 스페인이 필리핀에 식민지를 개척하고 통치하는 기간의 각종 공식 문서와 서신 등을 모아서 영어로 번역한 후 총 53권으로 정리한 방대한 사료이다.

　이 사료집에서 언급되고 있는 한국(당시 조선)은 다양한 용어들(Acoray, Coray, Core, Corea, Coria, Correa)로 지칭되고 있다. 인덱스 자료를 참조해 찾아보면 한국에 관한 언급은 1592년 사료에 처음 나타나고, 마지막으로 1640년 자료에 언급되어 있으며, 총 9권에서 언급하고

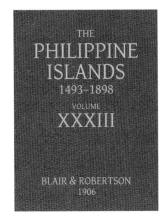

식민지 필리핀 사료

있다.[10] 주로 스페인 당국자들이 받은 공식적인 외교문서나 선교회에서 발행한 서신 등이 많다. 1592년 일본의 도요토미 히데요시 정부로부터 받은 서신에서는 유구(오키나와)와 조선을 점령한 사실과 중국을 침략할 계획을 위협의 의미로 밝히면서 조속히 굴복하고 사신을 파견할 것을 요청하는 내용이 나온다(BR 8권, 260). 1593년 스페인 관리가 일본 정부와 주고받은 외교 서신에서는 주로 일본이 스스로의 위대함을 자랑하면서 굴복하지 않고 저항하는 조선을 본보기로 점령했다는 사실을 들어 경고하는 내용을 담고 있다. 스페인 측 답신에는 조선에 대해 별다른 정보가 없다는 사실과 함께 단지 가난한 나라로 묘사하고 있다(BR 9권, 44, 46, 55). 1598년 프란시스코 텔로(Francisco Tello)가 스페인 국왕(Felipe II)에게 보낸 서신에는 자신과 친분이 있으며 일본에 와있는 조선인 장수 겐티오(Gentio)가 자신과 비밀리에 주고받은 서신에서 "나는 기독교도는 아니지만 기독교도와 친밀하게 지내며, 성경에도 관심이 있다."고 표현한 내용을 설명하고 있다(BR 10권 171).

임진왜란 이후 주로 중국에서 보내 온 외교문서나 스페인 본국으

10_한국이 언급되고 있는 권호들은 Blair and Robertson(이하 BR)(1906)의 제8권, 제9권, 제10권, 제13권, 제14권, 제15권, 제19권, 제31권, 제32권 등이 있다.

로 보내는 서신에서 중국에 대한 대목에서 한국은 단지 중국의 지배를 받고 있는 속국으로 기록되고 있다. 전체 사료를 통해 가장 자세하고 흥미롭게 한국에 관해 묘사하고 있는 부분은 도미니크 선교회의 활동상을 기록한 내용으로써 한국으로 선교사를 파견하려고 시도한 내용을 담고 있다. 그 내용을 요약해 보면 다음과 같다.

한국은 위대한 중국과 일본 사이에 아주 가까이 있는 나라이며, 사람들은 친절하고 단순하며, 이중적이거나 남을 속이지 않는다. 또한 사람들이 지적이고 중국 문자도 이해하지만 이중적인 중국인과는 다르다. 한국은 1593년 일본으로부터 침략을 당했으며, 그때 많은 한국인들이 일본에 노예로 끌려갔다. 이들 중 한 명이 기독교로 개종해 마닐라에 도착했다. 그는 토마스(Tomas)라는 이름으로 불렸으며, 그의 부친은 한국 조정에서 고위층에 있다. 그는 조국을 무척 사랑하고, 귀국하면 많은 부귀영화가 그를 기다리고 있지만, 영혼의 구원에 관심이 많아서 선교 준비가 되기 전에는 돌아가지 않겠다고 한다. 그의 고향에서 선교 활동을 하기에 좋은 기회라고 생각되어 1618년 6월 13일에 세 명의 선교사를 그와 함께 일본으로 파송했다. 일본의 나가사키에서 선교사들의 신분이 탄로 나는 바람에 더 이상 그와 동행하지 못하고 헤어져야 했다. 그는 혼자 떠나면서 나중에 그들을 찾으러 사람을 보내겠다고 했지만, 그 후로 일본의 상황이 그리 좋지 않아 그로부터 소식을 듣지 못했다. 한국으로 가려던 세 명의 선교사 중 두 명은 다시 마닐라로 돌아왔고, 프레이(Fray)신부는 일본에 남아 선교를 위해 일본어를 배우기 시작했다. 그는 나중에 일본에서 순교했다(BR 32권, 88-9).

위 내용에서는 스페인 선교회가 이미 1618년에 한국에 선교사를 파견할 계획을 가지고 있었음을 알 수 있다. 한국에 기독교를 알린 최초의 문헌은 1614년에 이수광이 사신으로 중국을 다녀오면서 얻은 견문을 기록해 편찬한 『지봉유설』로 알려져 있다. 비록 실현되지는 않았지만 비슷한 시기에 필리핀에 본부를 두고 활동하던 스페인 선교사로부터 한국에 직접 기독교가 전파될 수도 있었음을 짐작할 수 있는 사건이다. 특히 임진왜란 때 일본으로 끌려가 개종한 토마스라는 사람은 일본에서 기독교를 처음 접한 한국인 가운데 한 명이며, 그가 스페인 선교사들과 헤어진 후 어떠한 행보를 보였는지는 흥미로운 연구 거리가 아닐 수 없다. 이는 한국의 기독교 선교 역사에서도 중요한 의미를 가질 수 있을 것이다.

3. 조선시대 『표해시말』에 언급된 필리핀

한국 문헌에 필리핀에 관한 상세한 내용이 최초로 소개된 것은 19세기 초 문순득이 필리핀에 표류한 경험을 기록한 문헌에서 찾아볼 수 있다.[11] 1807년, 순조 7년 8월 어느 날, 제주 목사 한정운이 보낸 서신이 임금에게 전달되었다. 그 내용은 표류했던 여송국(呂宋國, 필리핀) 사람들을 본국으로 송환시켜 달라는 것이었다. 당시 이들 필리핀인은 5명

11_ 문순득의 표류와 관련된 자세한 내용은 최성환(2010a, 2010b)에서 인용했다. 본문 내용의 자세한 출처는 인용 원문을 참조.

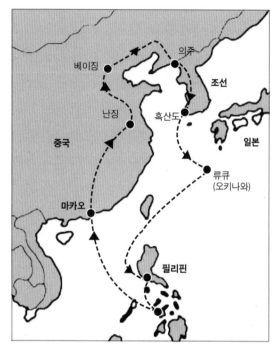

문순득의 표류와 귀국 경로

이 제주도로 떠내려 왔는데, 글과 말이 모두 통하지 않자 비변사의 회의에서 청나라로 압송하라는 결정이 내려졌다. 이후 죽을 고생 끝에 청나라에 도착한 그들은 다시 청나라에서 도대체 어느 나라 사람들인지 알 수 없다며 떠밀자 다시 제주도로 험난한 길을 걸어와야만 했다. 이 과정에서 한 명이 죽고, 풍토병으로 또 한 명이 죽고, 나머지 세 사람만이 가족이 기다리는 고국으로 돌아갈 날을 기다리고 있었다. 몇 년 후 그들의 언어를 이해하는 이가 나타났는데, 그는 흑산도 홍어 장수 문순득이었다. 문순득은 단번에 그 사람들의 외모와 복장을 보고 여송국 사람인 것을 알고는 아주 자연스럽게 여송국의 언어로 대화를 나눴다. 이로써 여송국 사람들임이 판명되어 이들은 9년을 기다린 끝에 고향으로 갈 수 있게 되었다.

그런데 흑산도 홍어 장수인 문순득은 어떻게 필리핀어를 배우게 되었을까? 그 또한 이들처럼 배를 타고 무역을 하던 중 표류당해 필리핀에 한동안 머물렀기 때문이었다. 문순득의 표류기는 정약전이 쓴 『표해록』(漂海錄)이라는 문집에 잘 기록되어 있다.

문순득은 전라남도 신안군의 우이도(牛耳島, 소흑산도)에서 살던 상인이었다. 조선시대 당시에도 흑산도 홍어는 요즘처럼 최고로 인정받았다. 나주 영산포에서 홍어를 실어 나르며 돈을 벌던 문순득은 25살이 되던 1801년 12월에 눈보라가 휘몰아치던 바다에서 그만 표류를 당해 유구국(琉球國, 오키나와)에 도달한다. 유구국은 조선과 왕래가 있던 국가이기에 문순득은 별 다른 어려움 없이 고국에 되돌아갈 기회를 잡을 수 있었다. 유구에서 청나라로 떠나는 사신 일행과 함께 배를 탔으나 항해를 시작한 지 10여 일 후 문순득 일행의 배는 또 다시 풍랑을 만나 기약 없는 표류를 시작했다. 표류 끝에 도착한 곳이 바로 지금의 필리핀인 여송국이었다.

여송국은 유구와는 달리 조선과 별 다른 외교 관계가 없었으며, 이 시기 이미 서구의 식민지가 되어 있었다는 점에서 매우 특별한 지역이었다. 여송국에서 문순득 일행이 상륙한 곳은 북서부 해안인 일로미였는데, 이곳은 현재 일로코스 수르(Iiocos Sur) 지역에 해당한다. 거리상 중국과 가까운 곳이어서 상업 활동을 하던 중국인들 중 이곳으로 이주해서 살고 있는 사람들이 많았다. 유구 호송선에는 유구에 표착했다가 함께 이 배에 탑승했던 복건 출신자가 많았기 때문에 그들의 도움을 받을 수 있었다. 『표해시말』에는 "일로미에 이르자 그곳에 살고 있는 복건인에게 부탁해 집을 빌리고 돈도 빌려 따로 살면서 먹을 것을 마음대로 했다. 또한 우리를 불러 같이 살았다."고 되어 있다.

여송국에 도착한 호송선에는 조선인과 유구에 표류한 복건인, 그리고 호송책임을 맡았던 유구인 등 세 나라의 사람들이 함께 승선해 있었는데, 여송국에 표착한 이후 복건인과 유구인 간에는 체류비 문제로 미묘한 갈등 관계가 형성되었다. 결국 유구 호송선은 문순득과 김옥문, 일부 중국 표류인들을 여송국에 남겨둔 채로 먼저 여송국에서 출항했다. 문순득은 여송국에서 몇 개월을 지내면서 그곳의 생활 모습과 언어를 빠르게 습득했다. 문순득 일행은 소주(蘇州) 상인들의 쌀 무역을 돕는 등 다양한 경제활동을 통해 여비를 만들었고, 청나라를 거쳐 그리운 가족의 품으로 1805년 1월 8일에 돌아왔다.

문순득이 필리핀에 머물면서 경험한 풍속을 귀국 후에 기록해 『표해시말』 풍속편에 남긴 것이 아마도 필리핀 문화에 관해 한국인들이 상세하게 접하게 된 최초의 자료일 것이다. 그가 기록한 필리핀의 풍속을 살펴보면 흥미로운 사실들이 나타난다. 사람들의 예법으로는 "반드시 의자에 앉고, 사람을 만나면 예의를 차려 손을 흔들거나 갓을 벗어서 흔들고, 부모나 어른을 만나면 그 손을 끌어다 냄새를 맡는다."고 기록하고 있다. 여기에서 냄새를 맡는다는 것은 가톨릭 풍습에 따라 손등에 키스를 하는 것을 의미했을 것이다. 식사와 관련된 문화로는 "밥 짓는 것은 남자가 하고, 밥을 먹을 때는 가운데 밥 한 그릇, 반찬 한 그릇을 놓고 남녀가 둘러앉아 손으로 먹으며, 귀인은 수저(匙箸)와 일간삼지(一幹三枝, 포크)를 사용한다."고 기록했다. 많은 동남아 국가에서처럼 필리핀에서도 전통적으로 손으로 식사를 하는데, 이는 오늘날에도 시골에서 쉽게 접하는 식사법이다. 수저와 포크를 사용하는 귀인은 아마도 스페인 신부나 그 영향을 받은 일부 귀족층의 사람들일 것으로 추정할 수 있다.

음식에 관해서는 "콩이 없고 시장(豉醬, 된장)은 먹지 않으며, 양(羊)이 없고 쇠고기, 돼지, 녹두 열매를 즐겨 먹으며, 그 꼬투리를 따서 돼지고기와 섞어 나물을 만들어 먹는다."고 기록하고 있다. 국에 관해서는 "도마뱀으로 국을 만들어 먹는다."고 기록했다. 담배에 대한 소개도 나오는데, "담뱃대가 없고 잎담배를 말아서 한쪽은 태우고 한쪽으로 빤다."라고 기록하고 있다. 이는 당시 필리핀에서 재배해 만들어지던 시가(cigar)를 의미하는 것으로 볼 수 있다. 민간요법도 소개하고 있는데, "가슴이 괴롭고 답답할 때에는 빗물을 마시면 내려간다."는 현지인들의 말을 기록하고 있다.

필리핀 사람들의 언어에 관해서는 "국서(國書)에는 음(音)은 있으나 뜻이 없고, 글씨는 우본(羽本, 펜)으로 가로로 쓰는데 중국 글은 보이지 않는다."고 기록했다. 이는 스페인어를 그렇게 기록하고 있는 듯하다. 필리핀 사람들의 춤에 대해, "남녀가 마주 서서 손을 늘어뜨리고, 음악에 맞추어 몸을 움직인다."라고 기록하고 있는데, 이는 필리핀 사람들이 스페인의 영향을 받아 오늘날에도 즐겨 하는 포크댄스를 묘사하고 있는 듯하다. 오늘날도 필리핀 일부 지역에서 즐기고 있는 투계(鬪鷄)에 관한 내용도 있는데, "닭싸움을 즐겨 하고, 은(銀)으로 뒷발톱을 만들고, 싸움에서 지는 닭의 주인이 은을 바친다."고 기록하고 있다. 이는 당시 필리핀 사람들의 투계 모습과 성패에 따라 대가를 치르는 방식 등을 예측할 수 있게 한다. 형벌에 관한 내용을 보면, "도둑에게는 가죽 채찍으로 매질을 한 후 형틀 칼을 씌우고, 족쇄를 채운다. 속전(贖錢, 형벌 대신 내는 돈)을 바치면 풀어 주거나 노비로 삼아 기한이 차면 풀어 준다."고 기록하고 있는데, 이는 그 사회를 깊이 경험하지 않은 이방인들이 쉽게 알 수 없는 내용이다.

필리핀의 집에 대한 내용도 나오는데, 일반 집의 건축 구조와 문순 득이 필리핀에서 본 천주교 성당에 대한 내용을 담고 있다. 집은 "네모지고 반듯한 모양이며, 사방은 3~5칸으로 같지 않다."고 기록했다. 그 구조는 "주춧돌은 없고, 땅을 파서 기둥을 세웠으며, 높이는 2~3척(丈) 위에 층집을 만들고, 사다리를 두고 오르내린다."고 적어 필리핀의 전통적인 주상(柱上)가옥 형태를 묘사하고 있다. 또한 "벽과 바닥은 모두 판자이며, 앞뒤로는 모두 석린(石鱗, 유리)으로 창을 내며, 가난한 사람은 판자나 대나무로 덮는다."고 기록했다. "부자들의 담은 석회로 쌓고, 낙숫물을 내려 받는 수고(水庫)를 만들고, 부엌은 수십 보 떨어진 곳에 따로 두고, 옥상에서 운제(雲梯, 구름다리)로 서로 연결한다."고 묘사했다. 교회를 나타내는 신묘(神廟)는 "30~40칸의 긴 집이고 크고 아름다우며 신상을 모시고 있다. 신묘 한쪽 꼭대기 앞에 탑을 세워 두고, 탑 꼭대기에 금계(金鷄)를 세워 바람에 따라 머리가 돌게 했다. 또한 종 4~5개를 걸어, 날짜에 따라 다른 종을 친다. 한 사람이 종을 치면 사람들이 듣고 따라와서 예배를 드린다."고 묘사해 교회의 모습을 상상할 수 있게 한다.

필리핀 사람들의 의복에 대해서는 다음과 같이 소개하고 있다. 평민들이 입고 다는 홑저고리는 "머리부터 아래로 덮어 쓰고, 옷깃이 없으며, 소매는 팔을 겨우 넣을 수 있을 정도이며, 옷깃에 단추가 있어서 이를 묶도록 되어 있다."고 묘사해 중국풍의 의상임을 알 수 있다. 성직자의 옷을 묘사하고 있는 부분도 있는데, "검은 비단의 장포를 입고 있으며, 우리나라의 두루마리와 같고, 길이는 발에 이른다. 귀인의 바

지는 아래로 버선과 잇대어 하나로 되어 있으며, 몹시 좁아 겨우 정강이가 들어갈 정도이다. 또한 모자는 가죽으로 만들어 우리나라의 전립을 좌우로 접은 것과 유사하다." 평민들은 "등나무로 남든 고깔형 모자를 쓰고, 천민들은 바둑판무늬의 천을 쓰개로 만들어 머리를 덮고 있다."고 묘사했다. 부인들의 저고리는 "남자의 것과 유사하며, 아래로는 주위가 모두 막혀 있는 치마가 있으며, 허리띠가 없고 옷깃을 접어서 전대처럼 만들어 묶는다."고 기록하고 있다.

필리핀에 대한 문순득의 견문 내용은 국내 표류인(漂流人) 기록 가운데 유일한 것이다. 식민지라는 시대적 상황에 대한 구체적 인식은 발견되지 않으며, 대신 서양과 동양의 문화가 접목되어 있는 시대적 양상이 견문 내용을 통해서도 발견할 수 있다. 필리핀에 대한 견문 내용은 문순득의 표류 경험 가운데 가장 색다르면서 당시 조선 사회에서 중요하게 인식된 부분이라고 볼 수 있다.

4. 태평양전쟁과 한국전쟁

일본이 한국을 침략해 식민지화한 배경에는 미국과 일본이 비밀리에 맺은 협약이 있다는 사실을 아는 한국인은 많지 않다. 1898년 스페인으로부터 필리핀의 통치권을 양도받는 미국은 필리핀 독립군의 저항을 진압하고 1902년부터 본격적으로 필리핀에 대한 식민 통치를 실시하기 시작했다. 아시아에 새롭게 진출한 미국은 아시아 국가들 중 근대화의 선두에 서서 그 세력을 확장하려고 하는 일본과 아시아 지역의 식민지 분할에 관한 논의를 진행한 것이다. 1905년 7월 29일 소위 가쓰라-테프트 밀약(The Katsura-Taft Agreement)으로 불리는 이 비밀 협정을 통해 미국은 한국에 대한 일본의 지배권을 인정하는 대신, 필리핀에 대한 미국의 지배권을 인정받았다. 이처럼 한국과 필리핀은 20세기 초 자신들의 의견과는 무관하게 열강들에 의해 식민지로 전락하는 억울한 역사적 처지에 놓여 있었다. 1941년 12월 일본이 진주만 공습을 감행함으로써 미일 간의 비밀 협정은 파기되었으며, 일본은 곧이어 1942년 5월 미군을 몰아내고 필리핀을 점령했다.

　필리핀 사람들 사이에는 일본이 필리핀을 점령할 당시 행했던 대부분의 잔악 행위가 일본인이 아니라 한국인에 의한 것이었다고 믿는 사람들이 많다. 이런 소문의 근원이 정확히 어디에서 비롯되었는지는 알 수 없으나, 일제 강점기 징병으로 끌려가 전선에 배치된 한국인들과 관련된 것으로 추측할 수 있다. 특히 종전 후 필리핀에서 전범으로 재판을 받고 처형당한 한국인이며 일본군 장교였던 홍사익에 관한 이야기는 그런 소문에 일조했음을 짐작할 수 있다.[12] 그에 관한 이야기는 다음과 같다. 홍사익은 열여섯 살 때 고종 황제가 자주국방의 동량을 육성하기 위해 세웠던 대한제국 육군무관학교에 입학했다. 국권 침탈 1년 전인 1909년, 일제에 의해 육군무관학교가 폐쇄되었으며, 그는 고종의 명에 따라 일본 육군중앙유년학교(육사 예비 학교)로 적을 옮긴다. 나라가 망하자 유학생들 중에는 당장 학교를 때려치우고 독립운동에

12_홍사익에 관한 내용은 송건호(1991), 야마모토 시치헤이·정성호(1986)을 참조했으며, 내용의 구체적인 출처에 관해서는 발췌 원문을 참조하기 바람.

나서자는 학생들도 있었지만, 유학생 리더였던 홍사익은 "지금은 배울 것이 많으니 실무와 실전을 경험한 뒤 기회를 보아 일을 도모하자."는 실력 양성론으로 학생들의 동요를 막았다. 그의 육사 동기생 가운데는 이청천도 있었는데, 그는 청산리대첩으로 유명해진 사람으로서 3·1운동 뒤 만주로 탈출해 광복군 사령관이 되기도 했다.

홍사익은 영친왕과 더불어 일본군 중장에 오른 유일한 한국인이었다. 그는 일본군 패망 후 필리핀에서 열린 전범 재판에서 사형선고를 언도받고 1946년 4월 처형당했다. 일본 패전 뒤 도쿄 전범 재판에서 A급 전범으로 사형선고를 받고 교수형에 처해진 자는 모두 7명에 불과하지만, B·C급 전범으로 교수형과 총살형에 처해진 한국인은 모두 23명이나 되었다. 그 이유는 A급 전범들은 '연합국 정부들의 공동 결정에 의해 처벌해야 할 중대 범죄인'으로 간주되어 연합군 점령 사령부의 통제 아래 재판과 처벌이 집행되었다. 하지만 특정 지역에서 통상적인 전쟁 범죄를 저지른 B·C급 전범에 대한 재판은 일본군 항복 이후 일본을 포함해 아시아 49곳에서 현지 점령군에 의해 진행되었다. 연합군 쪽은 B·C급 전범 재판에서 한국인 군속들이 일제에 의해 강제 징용 당했다는 사정을 전혀 고려하지 않았다. 이들은 강제 징용당한 피해자이면서 패전 후 일본군 신분으로 연합군에 의해 처벌당하는 신세가 되었다.

일본군이 항복한 이후 남아 있던 패잔병들에 대한 전범 재판이 미군에 의해 진행되었다. 홍사익은 1944년 12월 필리핀에 주둔하고 있던 남방총군 제14방면군 병참총감, 즉 포로수용소 소장으로 재직했으며, 재직 시기에 연합군 포로에 대한 불법 처우와 포로 학대, 살해의 원인을 제공한 혐의로 마닐라에서 진행된 전범 재판에서 사형선고를 받았다. 당시 한국인이 처해 있던 불행한 역사적 맥락을 고려하지 않은 채 일본군 점령 기간 중 가장 잔혹했던 현장으로 간주되는 포로수용소의 소장이 한국인이었다는 사실만으로 점령 시 모든 잔혹 행위에 대한 책임이 한국인에게 전가된 것이다. 최근 이런 소문이 근거 없다는 사실이 학문적 연구를 통해 발표되기도 했다(Jose 2011).

태평양 전쟁에서 승리한 미국은 극동 지역에서 일본으로부터 해방된 지역을 처리하는 문제에 있어 필리핀 모델을 적용하고자 했다. 1898년 스페인으로부터 필리핀을 양도 받은 미국은 직·간접 통치 방식을 통해 필리핀을 지배해 왔다. 전후 일본으로부터 해방된 한국을 처리하는 문제에도 이런 방식을 적용하려 했다. 1943년 11월 28일부터 12월 1일까지 테헤란에서 열린 미·영·소 3국 정상회담에서 루스벨트는 스탈린에게 극동 식민지 지역의 민중에게 자치 능력을 교육시키는 문제를 언급하면서 필리핀에서의 미국 정책을 예로 들었다. 이런 사례를 들어 한국에는 40년간의 훈련 기간이 필요하다고 주장했으며, 당시 스탈린은 수동적인 동의에 그쳤다고 한다(이완범 2002, 48-9). 비록 루스벨트의 주장은 현실화되지 않았지만, 미국의 유일한 해외 식민지였던 필리핀에 대한 통치 방식은 해방 후 한국의 운명을 결정하는 모델로 고려되었던 것이다.

1946년 독립 후 여전히 미국의 영향하에 있던 필리핀은 새롭게 형성된 냉전이라는 국제 환경 속에서 반공과 경제 발전이라는 두 마리 토끼를 잡는 데 여념이 없었다. 1949년 3월 23일 퀴리노(Elpidio Rivera Quirino) 필리핀 대통령은 반공적인 태평양 동맹안을 제안했고, 이 시기 필리핀과 국교를 맺은 이승만 대통령은 이를 지지한 뒤, 7월 20일 동맹 체결 협의를 위해 퀴리노 대통령과 장개석 중화민국 총통을 초청하기도 한다. 이듬해 1950년 6월 25일 한국전쟁이 발발했으며, 필리핀은 미국이 주도하는 유엔 연합군의 참전 결정에 따라 1개 연대 규모의 지상군을 파견하기로 결정했다. 이에 따라 9월 15일 정예부대라고할 수 있는 제10 전투 대대가 1진으로 마닐라 항에서 미 수송선을 올라 나흘 뒤인 9월 19일 저녁 무렵 부산에 입항했다. 필리핀은 한국전쟁 참전국 순서로는 미국과 영국에 이어 세 번째 국가였다.

한편 1950년 10월 7일 호주·칠레·네덜란드·필리핀·파키스탄·터키 등 7개국이 유엔에서 새로운 한국위원회를 발족시켰으며, 초대 의장으로 필리핀의 로뮬로(Carlos Pena Romulo)가 의장으로 선출되었다. 1973년 6월부터 1976년 7월까지 8대 주 필리핀 대사를 지낸 장지량은 『국방일보』에 기고한 회고에서 로뮬로 필리핀 외무장관을 언급하며, "그는 명예박사 학위가 80여 개나 되며, 국제사회에서의 영향력도 컸다."고 밝히고 있다. 또한 로뮬로 장관은 한국전쟁이 일어나기 3개월 전인 1950년 3월 미 국무장관 애치슨과 함께 하버드대에서 명예박사 학위를 받았는데, 이 자리에서 연설을 통해 "미군이 한국에서 전면 철수한 것은 공산주의자들에게 침략의 초청장을 발부해 준 것이나 다름 없다."며 애치슨을 격렬히 비난했다고 장지량은 회고했다.

한국전쟁에 제1진으로 파병된 필리핀 제10 전투 대대는 미 25사단에 배치되어, 10월 진주 사천비행장에서 근무를 시작했고, 11월은 평양으로 진군했으며, 황주 전투에 참여해 전과를 올리기도 했다. 이듬해인 1951년 1월에는 제8군 예비부대가 되어 김천-대구, 영동-보은 도로 경비를 담당했다. 필리핀 대대는 재반격 작전에 따라 미군 3사단에 배속돼 중국군을 추격해 4월 13일 연천 북방까지 진출하기도 했다. 4월 22~23일 중국군이 춘계 공세를 개시하자 대대는 율동리에서 중국

필리핀 참전 기념비, 유엔기념공원, 부산　　　　　　　　　사진: 김동엽

군과 격전을 벌였으며, 경기도 연천군 연천읍 상1리에는 이때의 승전
을 기리기 위한 필리핀군 참전 기념비가 세워져 있다. 10대대는 7월
부산으로 이동해 9월에 2진으로 도착한 20대대에게 작전 임무를 인계
하고 귀국길에 올랐다.

　1952년 4월 20대대는 미 제45사단에 배속되어 철원 서쪽 갈화동
으로 이동해, 5월 18~21일 중국군 전초기지인 191고지에서 9회에 걸
쳐 격전을 벌였는데, 이 가운데 6회는 백병전이었다. 20대대는 5월에
3진으로 참전한 19대대에게 임무를 인계하고 귀국했다. 19대대는 20
대대가 방어한 갈화동 부근 전초진지에 배치되어 방어에 나섰다. 이승

만 대통령은 9월 24일 전공을 세운 19대대를 격려하고, 표창하기도 했다. 1953년 3월 26일 부산에 도착한 14대대는 춘천을 경유해 인제로 이동한 후 19대대와 임무를 교대했다. 14대대는 중국군의 최종 공세가 임박한 7월 백석산 부근 전초기지로 이동했으며, 24일부터 휴전협정이 조인되던 27일까지 중국군의 최종 공세에 맞서 싸워 휴전을 몇 시간 앞두고 20여 명의 사상자를 낳기도 했다. 14대대가 용맹스럽게 전초진지를 사수한 덕분에 결국 크리스마스 고지가 군사분계선 남쪽에 남게 되는 결과를 가져왔다. 필리핀은 1950년 9월 19일부터 1953년 5월 13일까지 총 5개 보병 대대 7,420명이 파병해 112명이 전사하고 299명이 부상했다. 1969년에는 살아남은 필리핀 참전 용사 5천 명이 참전용사회(Philippine Expeditionary Forces to Korea, PEFK)를 결성했다. 2013년 6월 현재 생존해 있는 필리핀 참전 용사는 총 1,862명이다.

필리핀의 유명 인사들 중에는 한국과 깊은 인연을 간직한 사람들이 있다. 앞서 언급한 로뮬로 외무장관을 비롯해, 필리핀의 제12대 대통령을 지낸 라모스 대통령(Fidel V. Ramos)은 1952년 2진이었던 20대대 소대장으로 한국전쟁에 참전했다. 또한 현 필리핀 대통령의 아버지이자 제11대 대통령이었던 코라손 아키노의 남편이었던 베니그노 아키노(Benigno Aquino Jr.) 전 상원 의원은 1950년 『마닐라 타임스』 기자로 한국전쟁에 종군하기도 했다. 그의 종군기자 당시의 사진은 필리핀에서 사용하던 500페소 지폐에 설명과 함께 묘사되기도 했다. 지폐의 내용을 자세히 살펴보면 Korea라는 글귀를 발견할 수 있다. 베니그노 아키노는 마르코스 독재정권을 피해 미국에서 망명 생활을 할 당시, 역시 한국에서 미국으로 망명 온 김대중 전 대통령을 만나 양국의 민주화에 관해 의견을 나누며 친분을 쌓은 것으로 알려져 있다.

5. 전후 복구와 경제 발전, 그리고 상호 인식의 변화

한국전쟁 후 필리핀은 다양한 분야에서 한국인들의 주목을 끌던 국가였다. 한국전쟁이 남긴 폐허를 복구하기에 안간힘을 쓰던 1954년 한국의 국가 대표 야구단은 필리핀 마닐라에서 열린 제1회 아시아 야구 선수권대회에 최초로 참가해, 첫 경기에서 일본에게 0 대 6으로 완패를 당했다. 한국·일본·필리핀·대만 등 4개국이 참여한 이 대회에서 한국은 대만을 상대로 4 대 2 역전승을 거두고 1승을 올리며 3위를 차지했다. 당시만 해도 그리 잘 알려지지 않은 야구팀으로 국제경기에 최초로 참가해 꼴찌를 면한 것만 해도 큰 성과로 평가되었다.

독립 후 필리핀의 제3대 대통령을 지냈으며, 재임 중 비행기 사고로 사망한 막사이사이를 기념하기 위해 제정된 막사이사이상은 아시아의 노벨상으로 불렸다. 한국인으로서 최초로 이 상을 수상한 사람은 임시정부 시절 독립운동에 몸담고, 이승만·박정희 대통령 시절 관료를 지낸 장준하가 1962년에 언론 부문상을 수상했다. 한편 1963년 2월 완공된 대한민국 최초의 실내 체육관인 장충체육관이 당시 우리의 기술로는 불가능했던 돔 형식으로 설계되었으며, 필리핀의 기술과 원조로 건설되었다는 설이 있다. 그러나 한국건축역사학회에 따르면, 장충체육관은 김정수 선생의 건축디자인과 최종완 선생의 설계로 1962년에 지어진 것으로 밝혀졌다. 이와 같은 소문이 생겨난 배경에는 비슷한 시기에 미국의 원조로 미국 회사인 피에이엔이(PA&E) 사가 맡고, 빈넬(Vinnel) 사가 시공한 당시 경제기획원청사(현 문화관광부)와 미국 대사관 건물의 건축에 필리핀 엔지니어가 참여한 것이 와전되어 전해진 것으로 보인다.

필리핀은 미국의 문화적 영향으로 인해 그 어느 나라보다도 농구 경기에 열광한다. 필리핀에서 농구는 국기나 다름이 없다. 이런 필리핀에 한국인 농구 선수 신동파가 알려진 것은 1969년으로, 이후 그는 필리핀 대부분의 국민들이 기억하는 전설적인 인물이 되었다. 신동파는 한국 국가 대표팀의 일원으로 1969년 방콕에서 열린 제5회 아시아선수권대회에서 당시 아시아 최정상이었던 필리핀을 95 대 86으로 꺾고 우승을 차지하는 데 주역을 담당했다. 신동파 선수는 이날 경기에서 혼자 50점을 득점했고, 필리핀 관중은 신동파 선수의 백발백중 슛에 충격과 함께 감동을 받아 그의 이름을 기억하게 되었다. 그는 선수 생활을 은퇴하고 실업팀 감독으로 있을 때에도 자주 필리핀을 방문해 친선경기를 했으며, 필리핀 관중들에게 소개됨으로써 필리핀 사람들 사이에는 한국은 몰라도 신동파는 알 정도로 유명해졌다. 그의 이름은 필리핀의 대중 교통수단인 지프니와 상점 간판에서도 찾아 볼 수 있었다고 하니, 신동파는 이미 40여 년 전에 필리핀에 한류 바람을 일으킨 원조라고 해도 과언이 아니다.

한편 전후 한국이 경제 발전을 위해 국제 원조를 절실히 필요로 했던 당시, 박정희 대통령의 동남아 경제외교에서도 필리핀이 등장한다. 제12대 외무부 장관을 지낸 이동원의 회고에 따르면, 박정희 대통령은 1966년 2월 필리핀을 포함한 동남아 순방 계획을 세웠으나 마르코스 필리핀 대통령이 '시간이 여의치 않음'이라는 이유를 들어 방문 불가를 통보받았다고 기록했다(이동원 1992). 또한 박정희 대통령은 베트남 참전 7개국 정상회담을 한국에서 개최하려 했으나, 마르코스 필리핀 대통령의 로비로 개최지가 마닐라로 변경되기도 했다. 이는 당시 필리핀과 한국의 국제적 위상을 단적으로 말해 주는 사건으로 볼 수 있다. 한

표 3-1 | 한국-필리핀 정상 간 상호 방문 현황

필리핀 방문		한국 방문	
1966.10	박정희 대통령 필리핀 방문	1993.05	라모스 대통령 한국 방문
1981.07	전두환 대통령 필리핀 방문	1999.06	에스트라다 대통령 한국 방문
1994.11	김영삼 대통령 필리핀 방문	2003.06	아로요 대통령 한국 방문
1999.11	김대중 대통령 필리핀 방문	2005.11	아로요 대통령 한국 방문 (아시아태평양경제협력체 정상 회의, 부산)
2005.12	노무현 대통령 필리핀 방문	2009.05	아로요 대통령 한국 방문 (한·아세안 특별 정상회담, 제주)
2007.01	노무현 대통령 필리핀 방문 (아세안+3 정상 회의, 세부)	2013.10	아키노 대통령 한국 방문
2011.11	이명박 대통령 필리핀 방문	2014.12	아키노 대통령 한국 방문 (한·아세안 특별 정상회담, 부산)

국에서 열려고 했던 베트남 참전 7개국 정상회담에 참석하기 위해 박
정희 대통령은 국가원수로는 처음으로 1966년 10월 21일 필리핀을
방문했다. 이동원 외교 장관의 회고에 따르면, 당시 박정희 대통령은
자신 순방 계획을 묵살한 것도 모자라 베트남전에 가장 많은 병력을
파병한 국가로서 그 권리를 주장하려 했던 참전국 정상회담을 가로챈
필리핀에 대해 불편한 인상을 가졌다고 쓰고 있다. 또한 정상회담 참
석차 필리핀을 방문했을 때 국가원수로서 제대로 된 의전을 받지 못한
박정희 대통령은 마르코스 대통령과 필리핀에 언젠가 경제 발전으로
되갚을 것이라 다짐했다고 밝히기도 했다.

이후 필리핀 국민들에게 한국에 대한 깊은 인상을 심어 주었던 사
건이 있었다. 일명 '구걸 외교'로 불렸던 동남아 순방길에 나선 박정희
대통령은 마르코스 대통령으로부터 경제 원조를 얻기 위해 필리핀 마
닐라를 방문했다. 하지만 마르코스 대통령은 외무부 장관을 영접 위원
으로 내보내고, 숙소도 2급 호텔로 정해 주었다. 이를 알게 된 현지 한
국 교민들이 분개해 박정희 대통령을 호텔로 찾아가 분한 목소리로 불

표 3-2 | 한국-필리핀 자매/우호 관계

번호	자치단체	교류 도시	결연 일자	자매/우호
1	인천광역시	알바이 주(Albay Province)	2008년 05월 08일	우호교류
2	인천광역시	마닐라 시(Manila City)	2008년 10월 07일	자매결연
3	강원도	세부 주(Cebu Province)	2008년 02월 20일	자매결연
4	전라남도	리살 주(Lizal Province)	1997년 05월 10일	우호교류
5	경상남도	라구나 주(Laguna Province)	1997년 04월 15일	자매결연
6	충청북도	벵게트 주(Benguet Province)	2009년 05월 30일	우호교류
7	부산 영도구	마리키나 시(Marikina City)	2008년 09월 30일	우호교류
8	대전 중구	메트로 마닐라의 말라본 시 (City of Malabon/Metro Manila)	1997년 05월 21일	자매결연
9	대구 수성구	바탕가스 시(Batangas City)	2009년 11월 01일	우호교류
10	경기 부천시	발렌수엘라 시(Valenzuela City)	2008년 06월 25일	자매결연
11	경기 구리시	칼람바 시(Calamba City)	2010년 01월 18일	자매결연
12	경기 안산시	산페르난도 시(San Fernando City)	2001년 10월 23일	우호교류
13	경기 의정부시	다바오 시(Dabao City)	2009년 06월 15일	우호교류
14	강원 태백시	바기오 시(City of Baguio)	2006년 04월 25일	자매결연
15	충남 공주시	바기오 시	2007년 07월 11일	우호교류
16	충남 당진군	카비테 시(Cavite City)	2009년 03월 07일	우호교류
17	충북 영동군	두마게테 시(Dumaguete City)	2009년 05월 01일	자매결연
18	충북 제천시	파사이 시(City of Pasay)	2008년 07월 24일	자매결연
19	전남 여수시	세부 시(City of Cebu)	1996년 10월 23일	자매결연
20	전남 강진군	밤반 시(Bamban City)	2008년 07월 27일	우호교류
21	전남 강진군	산로케 시(Sanloke City)	2008년 01월 04일	우호교류
22	전남 함평군	팜팡가 앙겔레스 시 (Pampanga Angeles City)	2005년 10월 24일	자매결연
23	전남 함평군	푸에르토프린세사 시 (Puerto Prinsesa City)	2008년 05월 16일	우호교류
24	경남 거창군	카르모나 시(Karmona City)	2008년 09월 04일	자매결연

자료 : 외교부(2011).

만을 토로하자, 박정희 대통령은, "만약 우리나라가 필리핀보다 잘사는 국가라면 경제 원조를 얻기 위해 여기에 오지도 않았을 것입니다. 그러나 지금은 사정이 다릅니다. 굴욕을 당한다 할지라도 국민에게 유익이 있고 경제협력이 성사될 수 있다면 2급 호텔이 아니라 길거리에서 잔다고 해도 즐겁고 기쁜 일이 아니겠습니까? 아니 엎드려 큰 절이라도 하라 하면 못하겠습니까?"라는 말을 했다고 한다. 이 사실이 필리핀 현지 신문과 뉴스에 크게 보도되었고, 결국 필리핀 정부와의 경제협력이

성사되었다. 그리고 많은 필리핀 국민들이 박정희 대통령을 존경하게 되었다고 한다. 그런 일이 있은 후 불과 10년도 지나지 않은 1960년대 후반부터 이미 한국의 경제가 필리핀 경제를 추월하게 되었다.

박정희 대통령 이후에도 대부분의 한국 대통령은 필리핀을 방문해 친밀한 정상 외교를 펼쳤다. 특히 필리핀은 아시아에서 일본, 한국과 더불어 미국과 친밀한 외교 안보적 관계를 맺고 있다는 공통점 때문에 더욱 가까운 외교 관계를 유지할 수 있었다. 특히 국제 외교의 장에서 필리핀은 한국의 입장을 가장 적극적으로 지지하는 것으로 알려져 있다. 양국 간에는 교류를 위한 다양한 통로가 구축되어 있는데 1985년에 설립된 한국·필리핀 의원친선협회가 대표적이며 한국과 필리핀의 유력 정치인들로 구성되어 있다. 또한 1978년에는 한국·필리핀 민간 경제위원회가 설립되었고, 1983년에는 한국·필리핀 자원협력공동위원회가 설립된 바 있다. 〈표 3-2〉에서 보듯이, 한국의 많은 지방자치단체들도 필리핀의 도시들과 자매/우호 관계를 맺고 지방정부 차원의 교류를 추진하고 있다. 한국에서 증가하는 필리핀 출신 다문화 가정이 이런 양국의 도시 간 활발한 교류의 계기가 되기도 했다.

1970년대 이래 한국은 급속한 경제성장을 이룩해 해외에 원조를 제공할 정도로 발전했으며, 특히 한국전쟁에 참전한 필리핀에 대한 보은과 낙후된 필리핀 국민들의 삶에 대한 구호 차원의 각종 지원이 필리핀에 제공되었다. 1991년 외교통상부 산하의 정부 출연 기관이자 정부 차원의 대외무상협력사업 전담 기관으로 발족한 한국국제협력단(KOICA)는 전 세계 50여 개 국가에 사무실과 주재원을 두고 정부 차원의 조직적인 원조 활동을 펴고 있다. 필리핀에도 한국국제협력단 사무실이 개설되어 있으며, 교육, 보건 의료, 행정제도, 농촌 개발, 정보 통신, 산업 에너지, 환경, 기후변화 대응 등의 분야에서 활발한 원조 활동을 펴고 있다. 한편 한국은 공적개발원조를 통해 개발도상국에 각종 원조를 제공하고 있으며, 필리핀은 2010년 2,950만 달러의 양자 간 원조를 지원받았는데, 이는 전체 지원국 순위 8위에 해당하는 것으로, 동남아 국가들 중에는 베트남·캄보디아에 이어 3위를 차지했다.

한편, 민간 차원의 교류도 활발히 이루어지고 있으며, 한국의 다양한 종교 단체와 민간단체(NGO)들이 필리핀을 방문해 구호 및 봉사 활동을 펼치고 있다. 이런 민관의 노력 덕분에 적어도 원조의 혜택을 직접 받은 지역민들과 관련 공무원들은 한국에 대해 긍정적인 이미지를 가지게 되었다. 다만 이런 긍정적 이미지가 한시적이고 소수에 국한되는 경우가 있어 한계로 지적되기도 한다. 이는 많은 경우의 봉사와 구호 활동이 일시적인 방문으로 쌀이나 부식을 나누어 주면서 봉사 단체 이름이 걸린 플래카드를 내걸고 함께 사진을 찍는 생색내기 식의 행사가 많다는 데 문제가 있다.

그럼에도 불구하고 그동안 한국 정부와 민간단체가 필리핀에서 펼친 다양한 활동들과 함께 최근 필리핀에서 큰 인기를 끈 한국 드라마와 K-pop은 한국에 대한 이미지를 긍정적으로 변화시키는 데 큰 역할을 했다. 반면 한국인들이 필리핀을 바라보는 시각은 다분히 부정적인 방향으로 전환되었다고 볼 수 있다. 필리핀은 과거 부유한 국가였으나 경제 발전에 실패해 지금은 가난한 국가라는 인식이 그것이다. 한국인들이 필리핀에 대해 어떠한 인식을 가지고 있는지는 체계적으로 연구된 바가 없어서 근거를 명확히 제시할 수는 없다. 반면 필리핀인이 한국에 대해 어떻게 생각하는가는 한국동남아연구소(2010, 285-6)가 실시한 여론조사 결과를 통해 볼 수 있다. 몇 가지 질문에 대한 필리핀 사람들의 답변을 소개하면 다음과 같다.

'한국을 생각하면 긍정적인 생각이 든다'라는 진술에 대해 응답자 중 53.4퍼센트(매우 그렇다+그렇다)의 높은 긍정률을 보였으며, '보통이다'는 35.9퍼센트, 부정률(그렇지 않다+전혀 그렇지 않다)은 9.9퍼센트로 낮게 나타났다. 이는 전반적으로 필리핀인들은 한국에 대한 긍정적인 이미지를 가지고 있는 것으로 판단할 수 있다.

한국을 생각하면 긍정적인 생각이 든다	응답 수	비율(%)
매우 그렇다	114	11.3
그렇다	429	42.4
보통이다	363	35.9
그렇지 않다	93	9.2
전혀 그렇지 않다	7	0.7
무응답(집계 제외)	5	0.5
총합	1011	100

'한국은 현대적이다'라는 진술에 72.8퍼센트(매우 그렇다+그렇다)의 높은 긍정률을 보였으며, 부정률(그렇지 않다+전혀 그렇지 않다)은 3.9퍼센트로 매우 낮았다.

한국은 현대적이다	응답 수	비율(%)
매우 그렇다	185	18.3
그렇다	551	54.5
보통이다	233	23.0
그렇지 않다	4	3.5
전혀 그렇지 않다	3	0.4
총합	1,011	100

'한국은 경제적으로 부유한 국가이다'라는 진술에 응답자 중 65.4퍼센트(매우 그렇다+그렇다)의 높은 긍정률을 보였으며, 부정률(그렇지 않다+전혀 그렇지 않다)은 5.8퍼센트로 매우 낮았다.

한국은 경제적으로 부유한 국가이다	응답 수	비율(%)
매우 그렇다	160	15.8
그렇다	501	49.6
보통이다	284	28.1
그렇지 않다	50	4.9
전혀 그렇지 않다	9	0.9
무응답	7	0.7
총합	1,011	100

동일한 조사 결과를 연령대별로 나누어 분석한 결과, 특히 연령대에 따라 한국에 대한 선호에 차이가 있음을 알 수 있다. 〈그림 3-1〉에서 나타나듯이, 10대에서는 한국이 일본과 더불어 가장 선호하는 국가로 나타났다. 이는 필리핀의 10대들은 한국의 드라마와 K-pop과 같은 한류의 영향을 받고 자란 세대들이며, 전쟁과 분당 등 기성세대들이 가지고 있는 부정적인 이미지가 부재하기 때문으로 볼 수 있다.

〈그림 3-2〉에서도 유사한 현상을 볼 수 있다. 다른 연령대에서는 가장 방문하고 싶은 국가가 호주로 나타나는데, 10대에서는 한국이 가장 방문하고 싶은 국가로 나타났다. 따라서 시간이 흐를수록 한국에 대한 필리핀인들의 인식이 더욱 좋아질 것을 기대할 수 있다. 물론 이런 예상과 기대가 아무런 노력 없이 이루어질 수는 없으며, 이를 위한 부단한 노력이 경주되어야 할 것이다.

그림 3-1 | 연령대 별로 가장 선호하는 국가

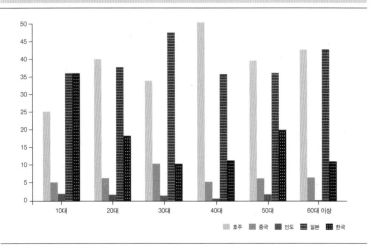

자료: 한국동남아연구소(2010, 309).

그림 3-2 | 연령대 별로 가장 방문하고 싶은 국가

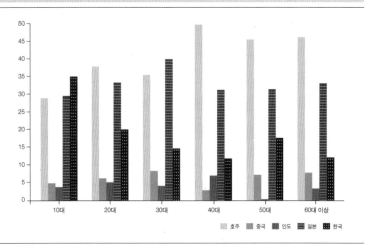

자료 : 한국동남아연구소(2010, 310).

제4장

한국과 필리핀의 경제 교류

1. 경제 교류 개관

제2차 세계대전 이후 전 세계를 지배한 냉전 체제는 미국을 중심으로 한 자유 진영과 소련을 중심으로 한 공산 진영으로 나뉘어 각자가 속한 진영 내에서 경제 교류가 이루어졌다. 한국과 필리핀 모두 미국과 혈맹 관계로 맺어져 있는 국가들로서 냉전 시대에 같은 배를 탄 국가였다. 1948년 한국 정부가 수립되기 이전에 필리핀은 이미 한국과 경제 관계를 공고히 하기 위한 노력을 경주했다. 특히 필리핀 외교 장관이었던 엘리잘데(Joaquin Miguel Elizalde)는 한국과 필리핀 간의 외교와 무역 관계에 대한 장점을 퀴리노 대통령에게 강하게 주장하기도 했다. 특히 그는 전쟁으로 피해를 입은 한국이 언젠가 다시 일어나 발전할 것이라고 예측했으며, 그렇게 될 때 한국은 필리핀의 목재와 주요 상품들의 유리한 시장이 될 뿐만 아니라, 일본 중심의 경제 교류에서 벗어나 경제 교류의 다각화를 기할 수 있을 것이라고 내다봤다.[13]

양국 간에 경제 교류가 본격적으로 시작된 1949년 이후, 초기 양국의 무역 관계는 한국보다 필리핀에 더욱 많은 이익을 가져다주었다. 1959년까지 한국이 필리핀으로 수출한 것이라고는 6,572달러 상당의 인삼 강장제 수천 병에 그친 반면, 필리핀은 1970년대 말까지 한국에 생필품 총 3만1,335달러어치를 수출했다. 양국의 경제 관계는 1970년대 이후 국제정치의 지형이 양극 체제에서 다극 체제로 변화된 이후에도 아시아-태평양 지역에서 가장 활발하게 이루어졌다. 필리핀은 한국 시장에서 합판에 대한 수요가 많은 것을 감지하고 통나무와 목재의 생산과 수출에 주력했다. 이와 더불어 필리핀 정부는 한국 정부에 당밀, 설탕 원료, 마닐라삼, 구리 농축액 등에 대한 수입을 요구하기도 했다. 홍미로운 점은 한국이 가구 생산에 필요한 주요 원자재로 대부분 필리핀산 합판을 사용했음에도 불구하고, 국제 원자재 시장 경쟁이 심화되면서 가격이 하락해 필리핀 수출산업은 위기를 겪었다는 것이다.

이후 필리핀은 지속적으로 한국에 원자재를 수출한 반면, 경제 발전에 가속도가 붙은 한국으로부터 완제품 혹은 반완제품의 수입이 증가해 무역수지 역조 현상이 나타났다. 이는 한국 정부가 소비재 제조 부문을 보호하고 외환 보유량을 늘리기 위해 수입제한 정책을 시행한 것의 영향이 컸다. 이때 금지된 물품들은 건어물·복숭아·포도·자두·

13_초기 한국과 필리핀의 경제 관계에 대한 내용은 Polo(1998)의 내용을 참조했으며, 내용의 구체적인 출처에 관해서는 인용 원문을 참조.

호두·밤과 같은 품목과 필리핀에서 채굴된 고령토·내화절토·운토·정석과 같은 세라믹 재료들도 포함되어 있었다. 반면 한국은 인삼 강장제에서 시작해 암석, 자물쇠, 안전벨트, 경첩과 같은 철제 제품 등이 그 뒤를 따랐고, 합성 원사, 강판, 의류용 직물들로 수출 품목을 늘려 줄 것을 필리핀 정부에 요구하기도 했다.

양국 간의 경제적 교류는 동맹이라는 외교적 관계와 지리적인 근접성, 그리고 향후 경제성장에 대한 긍정적인 평가를 기반으로 확대되었다. 양국 간의 최초 무역협정은 비교적 늦은 1961년 2월 24일에 체결되었다. 이 무역협정은 필리핀으로서는 수출량을 50퍼센트나 감소시키는 내용으로, 한국에게 일방적으로 유리한 협정이었다. 이후 양국 간에는 무역 관련 협의가 1961년, 1964년, 1966년, 1967년 등 4차례 마닐라와 서울에서 개최되었다. 그러나 1970년대 이후 한국과 필리핀의 무역 관계에는 일정 부분 거리감이 나타나기 시작했다. 한국은 유럽·중남미·일본 등과 서울에서 무역 관계에 관한 협상을 여러 차례 개최했지만, 동일한 내용의 무역 협상을 필리핀에 제안하지 않았다. 이는 한국 정부가 1960년대 말과 1970년대 초에 이미 필리핀을 한국 제품의 주요 수출 시장에서 제외하고 있었다는 사실을 말해 준다. 한국과 필리핀의 경제 교류가 기대만큼 큰 규모로 이루어지지 않은 이유는 양국의 비슷한 경제적 환경과 정부의 보호무역 정책 등의 걸림돌이 작용했기 때문이다.

1970년대 중반부터 양국 간 경제 발전의 격차가 가속화되었다. 한국은 경제 발전에 가속도가 붙은 반면, 필리핀은 1970년대 초에 일시적으로 경제 발전의 조짐을 보였지만 정치적인 문제와 결부되어 이내 그 동력을 상실했다. 이때부터 나타나기 시작한 양국 간의 경제적 격차는 점점 증가했으며, 한국은 필리핀에게 주요 수입국이며 직접투자국으로 자리매김했다. 1980년대 중반부터 한국의 상품·자본·인력이 급속도로 필리핀에 진출하기 시작했으며, 필리핀 내에서 한국과 한국 제품에 대한 인지도가 급격히 상승했다. 특히 1990년부터 한국 기업들의 필리핀 진출이 본격화되고 직접투자 규모가 빠르게 증가해 한국은 미국과 일본 다음으로 필리핀의 주요 투자국이 되었다. 이런 현상은 1987년 한국의 민주화 이후 노동운동이 활성화되어 임금 상승으로 이어지면서, 가격경쟁력을 상실한 한국의 많은 기업들이 해외로 생산 시설을 이전하기 시작한 것도 중요한 원인 중의 하나였다.

1997년 태국에서 시작된 동아시아 외환 위기가 한국과 필리핀에 큰 영향을 끼쳤으며, 양국의 경제 교류가 급속히 냉각되기도 했다. 그러나 경기회복이 이루어진 2000년 이후 양국 간의 경제적 교류는 더욱 활성화되었다. 특히 한국 경제의 회복세와 더불어 많은 한국인들이 필리핀에 유입됨으로써 필리핀 국민들은 한국 경제의 위상을 피부로 실감할 수 있게 되었다. 매년 수십만이 넘은 한국인이 필리핀을 방문하고 있으며, 필리핀에 장기 거주하는 한국인도 최대 12만 명에 이르는 것으로 추정된다. 이들은 필리핀 경제에 직접적으로 상당한 영향을 미치고 있으며, 가사 도우미나 운전기사 등 최소 20만 명의 필리핀인에게 일자리를 제공하고 있는 것으로 추정된다.

2. 무역 및 투자 현황

한국과 필리핀 사이의 무역은 1981년 4억 달러에서 1995년에 21억 달러로 크게 성장했다. 1960년부터 1981년까지 양국 간 무역 관계에서 한국은 무역 적자를 기록했지만, 1982년 이후부터는 지속적인 흑자를 기록하고 있다. 이는 한국이 경제 성장을 통해 수출 품목을 다양화한 반면, 필리핀은 정치적 혼란과 함께 경제 발전의 지체로 수출 역량을 키우지 못한 데서 그 원인을 찾을 수 있다. 1986년 필리핀 민주화 이후 한국-필리핀 무역은 다시 회복되고 있으며, 특히 라모스 정권 (1992~1998년) 동안 필리핀 경제의 각종 자유화 정책과 이를 기반으로 한 경제 회복세에 힘입어 활기를 되찾기도 했다. 〈표 4-1〉에서 볼 수 있듯이 동아시아 경제 위기 상황을 제외하고 양국 간의 교역은 지속적으로 증가하고 있다. 이런 지속적이고 안정적인 교역 관계는 그동안 쌓아 온 양국 간의 친밀한 외교 관계의 뒷받임 때문으로 볼 수 있다. 2012년 현재 필리핀은 한국의 15번째 교역 상대국이며, 동남아 국가들 중에서는 싱가포르, 베트남, 인도네시아에 이어 세 번째로 많은 교역을 하고 있다. 필리핀과의 교역에서 특징적인 것은 한국이 지속적으로 무역 흑자를 기록하고 있다는 점이다.

수출 품목을 살펴보면, 필리핀은 1970년대에는 원목과 구리 추출물을 주로 한국에 수출했으며, 한국은 1970년대부터 반제품 및 완제품을 포함해, 활석 가루, 사과 및 배, 비닐 및 합성 플라스틱 등을 수출하기 시작했다. 산업 고도화에 성공한 한국의 수출품은 기계 및 운송 장비, 산업 제품과 소비 제품 등 고가의 제품으로 확대되었다. 반면 필리핀은 한국 시장에 지속적으로 저가의 소비재나 반제품을 공급함으로써 무역수지 불균형이 확대되고 있다.

2000년 이후 한국과 필리핀의 경제 교류는 큰 발전을 이루었지만, 발전적인 관계를 지속적으로 유지하기 위해서는 해결해야 할 문제점

표 4-1 | 한국의 대필리핀 수출입 현황

단위 : 천 달러, %

	1990	2000	2008	2009	2010	2011	2012
교역액	770	5,175	8,115	7,219	9,326	10,910	11,495
수출	500	3,360	5,016	4,567	5,838	7,339	8,211
			(13.5)	(-8.9)	(27.8)	(25.7)	(11.9)
수입	270	1,815	3,099	2,652	3,488	3,571	3,284
			(27.1)	(-14.4)	(31.6)	(2.4)	(-8.0)
무역수지	230	1,545	1,917	1,915	2,350	3,768	4,927

자료: 한국무역협회.
주: 괄호 안은 전년 대비 증가율.

표 4-2 | 한국의 대필리핀 수출 품목 현황

단위 : 천 달러, %, 금액 기준

순위	품목명	2011		2012	
		금액	증가율(%)	금액	증가율(%)
1	석유제품	1,203,685	124.5	1,900,657	57.9
2	반도체	1,633,185	-10.2	1,693,097	1.8
3	자동차	345,865	4.6	382,409	10.6
4	강반 제품 및 기타 철강 제품	402,221	410.3	351,812	-12.5
5	동제품	251,396	4.5	231,098	-8.1
6	철강판	361,443	46.0	206,333	-42.9
7	수동부품	221,967	-2.1	172,956	-22.1
8	정밀 화학 원료	344,643	40.4	152,698	-55.7
9	기구부품	101,061	76.7	142,862	41.4
10	합성수지	145,345	4.4	139,933	-3.7

자료: 한국무역협회.
주: 괄호 안은 전년 대비 증가율.

들도 지적된다. 필리핀의 입장에서는 정치적 안정, 사회 인프라 개선, 그리고 투자자의 신뢰 회복 등에 초점을 둔 정책이 요구된다. 정치적 안정을 통해 정책의 일관성을 유지함으로써 투자자들을 보호하고 지속적인 투자를 유도해야 할 것이다. 또한 잦은 비와 태풍으로 자연재해의 피해가 심한 필리핀의 상황을 고려해 사회적 인프라를 개선함으로써 안정된 전력 공급 및 도로, 교량과 같은 편의성을 증진시켜야 할 것이다. 한편 한국의 입장에서는 무엇보다도 양국 간 무역 관계에서

표 4-3 | 한국의 대필리핀 수입 품목 현황

단위 : 천 달러, %, 금액 기준

순위	품목명	2011		2012	
		금액	증가율(%)	금액	증가율(%)
1	반도체	1,104,595	-12.0	879,949	-20.3
2	원유	629,124	25.4	559,160	-11.1
3	곡실류	297,854	15.8	308,066	3.4
4	동제품	220,495	-33.5	232,063	5.3
5	수동 부품	147,261	14.5	159,571	8.4
6	기호식품	115,562	29.5	105,375	-8.8
7	동광	202,540	142.9	82,972	-59.0
8	컴퓨터	70,367	-49.2	79,084	12.4
9	식물성 물질	47,204	-21.4	67,932	43.9
10	기구 부품	61,414	16.4	60,806	-1.0

자료: 한국무역협회.
주: 괄호 안은 전년 대비 증가율.

표 4-4 | 한국과 필리핀의 해외직접투자 건수와 규모

단위 : 건, 천 달러, 신고기준

		2009	2010	2011	2012	누계
한국의 대필리핀 투자	건수	234	202	264	219	3,237
	금액	298,007	385,629	233,835	959,429	2,636,886
필리핀의 대한국 투자	건수	13	7	7	7	121
	금액	651	328	21,290	625	148,750

자료 : 한국수출입은행 해외투자 통계
주 : 한국의 누계는 1980~2012년, 필리핀 누계는 1987~2012년.

지속되고 있는 무역수지 불균형을 개선하기 위한 정책적 노력이 요구
된다. 안정적이고 장기적인 관계는 상호주의 원칙과 동등한 파트너 관
계의 구축에서 시작됨을 인식해야 할 것이다.

한편, 1980년대 중반부터 한국은 해외직접투자의 건수와 규모가
지속적으로 증가했다. 한국의 해외직접투자의 증가는 한국 내 노동비
의 증가, 원화 강세, 그리고 한국산 수출품에 대한 각국의 제약을 벗어
나기 위한 방안으로 제조업의 해외 이전을 추진한 것이 주요한 원인이
되었다고 볼 수 있다. 1987년 1건이었던 한국의 대필리핀 투자 건수는

1994년 166건으로 늘어났다. 투자액은 1987년 4천4백 달러에서 1994년 45억 달러로 급성장했다. 필리핀에 유입된 해외직접투자에서 한국이 차지하는 비중은 1989년에 1퍼센트에 불과했지만, 1992년에는 16.6퍼센트로 급상승했다. 2010년에는 한국의 필리핀 직접투자 규모가 일본과 네덜란드에 이어 3위에 올랐다. 한국의 필리핀 투자 품목으로는 1989년 이전에 주로 직물, 의류, 신발, 가죽 제품 및 전기·전자 제품이 주를 이루었지만, 이후부터는 석유화학, 기계 부문 및 필리핀 국내 업체와의 제휴 제품 등으로 확대되었다.

한국의 필리핀 투자가 급상승하기 시작한 것은 1990년대 중반 필리핀 정부가 마닐라 인근 카비테에 경제자유구역(Cavite Economic Zone)을 본격 추진하면서부터였다. 이 경제자유구역에 각국의 섬유 및 전자 제품 조립 공장들이 들어서면서 인근 지역이 고도로 산업화된 도시가 되었다. 한국 기업들은 초기에 섬유업과 신발 제조업에 주로 투자하기 시작했고, 점차 전자 제품의 제조 및 조립 공장들도 진출하기 시작했다. 이어 메트로 마닐라와 바타안의 수출 가공 구역에 2백여 한국 회사들이 입주하기에 이르렀다. 1995년 한국의 필리핀 투자는 수출 기반 제조업에서부터 국내시장을 목표로 한 제조, 건설 및 개발, 무역 및 서비스에 걸쳐 다양한 분야로 확대되었다. 게다가 삼성, 현대, 대우, LG그룹 등 대기업들이 필리핀에 진출하기 시작했다.

필리핀에 투자하고 있는 한국 기업을 업종별로 살펴보면 제조업 부문에서 총 133개 기업이 5만3천여 명의 직원을 고용하고 있으며, 무역 부문에는 29개 기업에 690명의 직원이 근무하고 있다. 또한 건설 및 개발 분야에는 21개 기업이 2,467명의 직원을 고용하고 있다. 이처럼 필리핀에 진출한 한국 기업들은 적극적으로 고용을 창출하고 있으며, 지역 경제의 활기에도 큰 기여를 하고 있다. 일례로 수빅의 한진 조선소는 세계에서 필리핀을 4번째로 큰 조선업 국가로 만들었고, 2만여 명이 넘는 필리핀 노동자들을 고용하고 있다. 한국전력공사의 경우에도 필리핀에 필요한 전기의 14퍼센트를 생산하고 있다. 이처럼 급속히 성장하는 한국 기업들의 필리핀 투자는 필리핀과 한국 간 경제협력 관계의 발전적 미래를 보여 주는 것으로 평가할 수 있다. 향후 이와 같은 관계의 지속적인 발전을 위해서 양국은 관광, 신재생 에너지 자원과 광업 등의 분야에서 경제 교류 및 투자를 확대하려는 노력을 지속하고 있다.

한국 기업들이 필리핀에 투자하는 주요 원인으로는 무엇보다 영어로 의사소통이 가능하며, 훈련을 통해 가용할 수 있는 노동력이 풍부하다는 점이다. 둘째, 미국·유럽·한국 및 기타 아시아권의 다른 나라들과 비교해 임금수준에서 경쟁력이 있고, 세계적으로도 인정받은 전문 관리자들을 활용할 수 있다는 점도 중요하다. 셋째, 양국 간 지리적 근접성으로 편리하고 저렴한 물품의 운송이 가능하다. 넷째, 특별 투자 지역에 대한 필리핀 정부의 각종 지원 정책 등을 들 수 있다. 반면, 자연재해와 더불어 공산 반군 및 이슬람 반군의 활동은 일부 지역에 대한 투자를 가로막는 이유가 되기도 하며, 필리핀 사회의 치안 불안에 대한 한국 사회의 인식 역시 필리핀 투자에 부정적인 영향을 미치고 있다.

필리핀에 투자하고 진출한 한국 기업들이 필리핀 현지에서 제대로 적응하지 못하고 문제를 일으키는 경우도 있다. 문화적 차이를 이해하지 못하는 한국 투자자들이 한국의 전통적이고 고압적인 작업환경이나 고용 관계를 노동자들에게 요구함으로써 노동분쟁을 야기하기도 한다. 또 다른 문제로는 현지 법률에 대해 정확하고 충분한 정보를 가지지 못한 채 진출하는 경우 발생한다. 이런 상황은 특히 소규모 투자의 경우 자주 발생한다. 현재 필리핀 기업법 및 투자법에 따르면, 외국인의 진입이 제한된 사업 부문이 있고, 외국인 투자 비율이 제한된 부문이 있다. 특히 소매업의 경우 외국인은 40퍼센트의 지분만을 소유할 수 있어, 사실상 외국인의 소유가 불가능한 실정이다. 따라서 많은 한국 투자자들이 불법적인 방법으로 사업을 운영하고 있으며, 이에 대한 필리핀 정부의 지속적인 단속으로 어려움에 처하는 경우가 많다. 또한 외국인은 토지를 소유할 수 없기 때문에 필리핀인과 파트너 관계를 맺게 되고, 그 관계가 깨질 경우 사업상 막대한 손실을 입는 경우도 있다.

3. 개발 협력 관계

제2차 세계대전 이후 1999년까지, 엄격한 의미에서 한국은 공적개발원조의 수원국이었다. 그러나 급속한 경제성장에 힘입어 오늘날에는 공적개발원조의 공여국으로 그 지위가 바뀌었고, 지원 규모도 점차 확대해 나가고 있다. 한국은 개발도상국과의 경제협력 관계를 증진시키기 위해 1987년 경제협력기금(EDCF)에 가입함으로써 개발도상국들의 산업 발전과 경제 안정에 필요한 자금을 지원하고 있다. 한국은 1991년부터 필리핀을 공적개발원조 집중 지원국으로 간주하고 있다. 한국국제협력단 필리핀 사무소는 필리핀에 대한 지원 중점 분야로 농업 개발, 경제 인프라 개선, 위생적인 생활환경 조성 등을 선정해 사업을 펼치고 있다. 2010년 기준으로 지원 규모 면에서 필리핀은 한국의 공적개발원조 지원국 순위 8위를 차지하고 있다. 동남아 국가들 중에는 베

표 4-5 | 한국의 대필리핀 개발 협력 지원 현황

단위 : 백만 달러

연도		2007	2008	2009	2010	2011	계
유상	승인	-	41.4	182.9	13.3	37.8	275.4
	집행	20.7	16.6	12.6	11.0	11.7	72.6
무상 집행액		7.3	8.4	9.2	17.9	21.8	64.6
집행액 합계		28.0	25.0	21.8	28.9	33.5	137.2

자료 : EDCF, KOICA 통계 (무상 집행액은 KOICA 사업만 포함).

표 4-6 | 한국의 대필리핀 개발 협력 지원 사업 형태(2007~2011)

단위 : 백만 달러

	프로젝트	초청 연수	봉사단	개발 조사	NGO	기타
유상	72.6(5건)	-	-	-	-	-
무상(KOICA)	36.73(16건)	3.76	15.80	5.87(6건)	1.08	1.27

자료: EDCF, KOICA ODA 통계 (무상 집행액은 KOICA 사업만 포함)
주: 기타 부문은 긴급 구조, 물자 지원, 전문가 등이 포함.

트남과 캄보디아에 이어 3위에 위치해 있다. 〈표 4-5〉에서 볼 수 있듯이, 유상과 무상 지원을 합쳐 한국은 2007년부터 2011년까지 5년간 필리핀에 총 137.2백만 달러를 지원했으며, 이 가운데 유상 지원은 72.6백만 달러, 무상 지원은 64.6백만 달러이다.[14]

〈표 4-6〉에서 볼 수 있듯이, 한국은 2007년부터 2011년까지 유·무상 합쳐 총 21건의 프로젝트를 수행했으며, 6건의 개발 조사를 수행했다. 〈표 4-7〉에도 나타나듯이 한국이 필리핀에 개발 협력과 관련해 제공한 유상 지원은 주로 교통·에너지 분야에 집중되어 있음을 볼 수 있다. 교통·에너지 분야는 유·무상 지원을 합해 58.9퍼센트를 차지하며, 그 뒤를 이어 농림 수산 분야가 19.7퍼센트를 차지하고 있다.

14_개발 협력에 관한 내용은 국제개발협력위원회(2012)의 보고서 내용을 참조했다.

표 4-7 | 한국의 대필리핀 개발 협력 지원 사업 현황(2007~2011)

단위 : 백만 달러

구분		교통 에너지	교육	농림 수산	보건	기타	공공 행정	긴급 구호	합계
유상	승인	275.39	-	-	-	-	-	-	-
	집행	72.71	-	-	-	-	-	-	-
무상		8.22	12.61	27.04	6.29	3.61	4.69	2.06	64.52
비율(%)		58.9	9.2	19.7	4.6	2.6	3.4	1.5	100

자료 : EDCF, KOICA ODA 통계 (무상 집행액은 KOICA 사업만 포함)

　　그동안 한국에서 필리핀에 제공한 대표적인 무상 지원 사업으로는 세 가지를 꼽을 수 있다. 첫째로 부수앙가 공항 신청사 건립 및 활주로 개발에 2006년부터 2008년까지 3백만 달러를 지원한 사업이다. 당시 아로요 정부가 추진하는 주요 인프라 건설 사업 중 대통령 공약 사업으로 2006년 국정 연설에서 언급될 정도로 필리핀 측의 관심이 높았으며, 공항 개발로 인해 당초 2개 항공사가 일주일 10회 운항, 3백 명 수송 수준에서 4개 항공사가 일주일 28회 운항, 4천2백 명 수송 수준으로 현격한 효과를 거두었으며, 21인승 항공기가 80인승 항공기로 확대 배치되어 부수앙가를 방문하는 여행객 수도 5배 이상 증가하는 등 관광사업 발전 및 지역 경제에 크게 기여했다.

　　둘째, 2005년부터 2006년, 2009년부터 2012년까지 2단계에 걸쳐 총 1,530만 달러를 지원한 미곡종합처리장 건립 사업이다. 필리핀은 농업 중심 국가임에도 불구하고 농업 생산성이 지속적으로 저하됨에 따라, 필리핀 정부는 벼 수확 후 손실을 줄이기 위해 미곡종합처리장 건립 지원을 요청했다. 당시 아로요 대통령은 국제사회에서 필리핀의 쌀 부족 문제를 해결하기 위한, 한국의 오로라 주 미곡종합처리장 시설을 성공 사례로 언급하기도 했다. 필리핀 정부는 2008년에 미곡종합처리장의 추가 지원을 요청해 2010년 루손, 비사야스, 민다나오 등 주요 벼농사 4개 지역에 미곡종합처리 시설을 추가로 건립했다. 이로써 이곳에서 가공된 쌀은 농가 소득 증대에 크게 기여하고 있다.

셋째, 1999년부터 2001년까지, 그리고 2007년부터 2008년까지 총 480만 달러를 지원한 한-필 친선 병원 건립 사업과, 2008년부터 2011년까지 총 290만 달러를 지원한 국립폐질환센터 역량 강화 사업, 그리고 2010년부터 2012년까지 총 3백만 달러를 지원한 카비테 공중보건 및 결핵 관리 역량 강화 사업 등 국민 보건 관련 사업이 있다. 수도 마닐라 남쪽에서 45킬로미터 떨어진 카비테 지역에 한-필 친선 병원 건립을 지원하는 사업은 카비테 주의 주도 트레세 마르티레스(Trece Martirez)에 1백 개 병상 규모의 병원을 건립해 지역 주민들에게 의료 서비스를 제공하기 위한 것이었다. 이 병원은 2002년 개원 후 외래환자가 7천6백여 명에서 급속히 증가해 2005년에는 2만 명을 초과했다. 이후 한국국제협력단의 추가 지원으로 외래 병동을 건립해 진료 수용 인원을 크게 늘림으로써 지역의 의료 서비스 역량 강화에 크게 기여했다. 또한 국가 결핵 관리 총괄 기구인 국립폐질환센터 역량 강화 사업과 연계해 카비테 지역에서의 공중 보건 및 지역 결핵 관리 역량 강화를 위한 사업을 지원해 필리핀의 국가 결핵 관리 프로그램 강화에 기여하고 있다.

한편 한국이 필리핀에 제공한 대표적인 유상 지원 사업 세 가지를 꼽으면 다음과 같다. 첫째, 남부 마닐라 통근 철도 개선 사업으로, 2003년부터 2010년까지 3천5백만 달러를 제공한 사업이다. 필리핀 남부 마닐라 지역은 교통 혼잡과 인구 급증으로 인해 교통 인프라 확충이 필요했다. 이에 필리핀 정부는 마닐라 북쪽 외곽의 칼루오칸 역에서 알라방 역까지 36킬로미터 구간의 철도 궤도와 교량·정거장·신호체계 등을 개·보수하고 일부 구간의 궤도를 복선화하는 사업에 지원을 요청해 이루어졌다. 필리핀 철도청은 2010년 완공 이후 열차를 운행 중에 있으며, 남부 마닐라 지역 거주민들의 마닐라 접근 시 철도 이용률이 증가했으며, 도로 교통 혼잡에 따른 주민들의 불편 해소에 기여하고 있다.

둘째, 2005년부터 2011년까지 2,230만 달러를 제공해 수행한 가판(Gapan) ─ 산 페르난도(San Fernando) ─ 올롱가포(Olongapo)를 잇는 도로의 확장과 준설 사업이다. 이 도로는 중부 루손 지방의 주요 도시들을 관통하고 마닐라와 수빅 경제특구를 잇는 주요 도로이나, 지진과 화산재로 인해 우기 시 하천 범람, 농경지 및 주거지역 침수 등의 피해를 겪고 있었다. 이에 필리핀 정부는 도로 확장, 교량 재건 및 하천 준설을 통해 화산 피해 지역의 경제 재건을 촉진하고 수도권 지역의 경제 발전을 도모하기 위해 사업 지원을 요청해 이루어졌다. 2011년 6월 본 사업이 완공됨에 따라 해당 지역 내 심각한 교통 정체가 해소되었으며, 수빅 경제특구로의 접근성이 증대되었다. 한편, 향후 지역 내 민간투자 증가로 고용 창출 및 소득 증대를 통한 지역 경제 발전에도 기여할 것으로 예상된다.

셋째, 1994년부터 2008년까지 총 1천4백만 달러를 제공해 수행한 루손 송전 설비 확충 사업이다. 필리핀 수도인 마닐라를 포함하고 있는 루손 지역은 본 사업 추진 당시 기업체 전기 소비량의 60퍼센트를 차지하고 있었으나, 노후화된 송배전 설비로 인해 전력 손실률이 높았다. 이에 필리핀 정부는 전력 손실률을 줄이고 일정한 수준의 전압을 유지해 양질의 전력을 공급하기 위해 송전 설비 확충 사업 지원을 요청했다. 본 사업을 통해 다라가(Daraga) 변전소에 50MVA 변압기를 추가 설치함으로써 변압력을 강화시켜 전력손실을 방지하고 안정적인 전력 공급으로 알바이(Albay)지역 전력 수요를 충족하는 데 기여했다. 또한 이사벨라(Isabela) 주 산티아고-알리시아(Santiago-Alicia) 구간(20km)에 69KV 철탑 송전선을 설치함으로써, 정전 감소, 높은 철탑 설치로 인한 도전 등 송전 중 전력손실을 최소화하고 사업 지역에 안정적으로 전력을 공급함으로써 지역 경제 활성화에 기여했다.

한국은 최근 필리핀에서 추진하고 있는 정부와 민간이 협력하는 방식(Public-Private-Partnership, PPP)으로 필리핀 농산업복합단지조성(Multi-Industry Cluster, MIC) 사업에 공적개발원조를 연계하는 방안을 추진 중에 있다. 이는 한국의 농림수산식품부가 MIC 사업 지역의 작물 생산과 생산 후 처리 분야의 기술을 지원하고, 민간 기업에 재정을 지원하는 등 투자 촉진을 위해 공적개발원조를 투입하는 것이다. 한편, 필리핀의 농업부는 토지개혁부, 투자청, 경제자유구역청 등과 협력해 MIC 사업 추진에 필요한 각종 지원을 제공함으로써 민간 투자를 촉진하는 역할을 담당하는 방식이다. 그동안 한국과 필리핀 간에 이루어진 개발 협력 분야의 교류는 긍정적 평가에도 불구하고 비판적인 시각 또한 존재한다. 특히 단독 프로젝트 위주로 지원함으로써 사업 간의 연계가 부족하고, 사업 완료 이후에 사후 관리 시스템이 제대로 작동하지 않는다는 지적도 있다. 또한 개발 협력 사업의 추진 과정에서 불이익에 노출되는 필리핀 하층민들에 대한 세심한 배려가 동반되어야만 개발 협력 사업의 효과가 제대로 빛을 발휘할 수 있을 것이다.

| 제5장 |

한국과 필리핀의 인적 교류

1. 필리핀 한인 사회의 형성과 발전

한국전쟁을 계기로 많은 외국 군인들이 한국에 주둔했으며, 전후 어려운 상황에서 파병 군인과 결혼해 외국에 나가는 것이 유행하기도 했다. 결혼 대상은 대부분 미국인이었지만, 필리핀 군인과 결혼하는 경우도 있었다. 2007년에 필리핀에서 출간된 『필리핀 내 다국적 커뮤니티 소개』(*Exploring Transnational Communities in the Philippines*)라는 자료에 따르면, 휴전 이후부터 1960년까지 약 30명의 한국 여성이 파병 필리핀 군인, 군무원, 엔지니어 등과 결혼해 필리핀에 정착한 것으로 나타난다. 미국과 오랜 군사적 동맹 관계에 있던 필리핀은 미군이 주둔하고 있는 곳에 함께 주둔하는 경우가 많았으며, 일본의 오키나와에서도 많은 일본인 여성이 필리핀 군인 혹은 군무원과 결혼해서 필리핀에 이

표 5-1 | 필리핀 한인회 역대 회장

역대	회장	연도
1	박윤화	1969. ? ~ 1979. 12
2	한덕우	1980. 1 ~ 1981. 12
3	엄익호	1982. 1 ~ 1983. 12
4	유병희	1984. 1 ~ 1985. 12
5	이철민	1986. 1 ~ 1986. 12
6	김용직	1987. 1 ~ 1987. 12
7	이계목	1988. 1 ~ 1989. 12
8	김춘배	1990. 1 ~ 1991. 12
9	이관수	1992. 1 ~ 1993. 12
10	강영배	1994. 1 ~ 1995. 12
11	김봉일	1996. 1 ~ 1997. 12
12	박현모	1998. 1 ~ 1999. 12
13	이세채	2000. 1 ~ 2000. 12
14	홍성천	2001. 1 ~ 2002. 12
15	장재중	2003. 1 ~ 2004. 12
16	신철호	2005. 1 ~ 2006. 12
17	이영백	2007. 1 ~ 2008. 12
18	박일경	2009. 1 ~ 2010. 12
19	이원주	2011. 1 ~ 2012.12
20	이장일	2013. 1 ~ 현재

자료: 필리핀 한인회.

주해 정착한 사실이 있다. 이들이 바로 동아시아인들 간의 국제결혼 1
세대라 할 수 있다.

1980년대까지만 해도 한국의 일반인들이 외국에 나가는 것은 극
히 제한적이었다. 이 시기에는 일반인들이 여권을 발급 받는 것 자체
가 어려웠다. 외국에 나갈 수 있는 사람들의 신분은 대부분 외교관, 대
기업 상사 주재원, 해운업계 종사자, 국제경기 참가 운동선수, 유학생
들이 대부분이었다. 이런 시점에 필리핀에는 한국의 외교관뿐만 아니
라, 유학생, 상사 주재원들이 체류하기 시작했다. 초기 필리핀 유학생
으로는 평민당 부총재와 총재 권한 대행을 거쳐 민주당 최고 위원을
지낸 박영숙 의원, 이성근 전 한성대 총장 등이 대학원 과정을 수학했

다. 특히 필리핀 국립대에 있는 세계미작연구소(International Rice Research Institute)로 한국의 많은 학생들이 유학했는데, 이곳에서 1970년대 녹색혁명을 일으킨 통일벼 종자를 개발하기도 했다.

필리핀 한인회는 1969년에 최초로 조직되었다. 초대 회장으로는 1935년에 인삼 장사를 위해 마닐라에 온 박윤화가 맡아서 1969년부터 1979년까지 한인회를 이끌었다. 그러나 필리핀 한인회가 오늘날과 같은 체계를 갖춘 조직으로 탄생한 것은 1965년 필리핀으로 이주해 온 한덕우가 제2대 회장이 되면서부터였다. 1980년에 한인회장에 취임한 그는 한인회를 새롭게 조직하는 한편, 필리핀 내 한인 사회를 발전시키기 위한 기초를 마련했다. 이후 2013년까지 총 20명의 한인회장이 취임해 한인회를 이끌고 있다.

현재 필리핀에는 등록된 교민만 약 9만 명에 이르며, 단기로 체류하는 한인들까지 합하면 10만 명이 넘는 것으로 추정하고 있다. 해외에서 한인 사회의 가장 중요한 사업 가운데 하나는 한인 학교를 운영하는 일이다. 1970년 8월 15일에 "우리의 말과 글, 우리의 역사 그리고 우리 문화와 민족정신을 가르침"이라는 교육 목표를 가지고, 필리핀 한글학교가 개교했으며, 당시 대사관의 참사관으로 재직 중이던 노경문이 교장으로 취임했다. 개교 초기에는 5학급 40명으로 시작했으며, 1977년에는 유치부가 신설되었고, 1979년에는 7학급, 1984년에는 10학급으로 점차 확장되어, 1988년에는 12학급 150명의 재학생을 보유하게 되었다. 마카티에 위치한 산 어거스틴 고등학교의 교실을 빌려 운영되던 한글학교는 1993년에 그린힐 지역에 위치한 라살 고등학교로 위치를 옮겨 운영되었다. 1994년에 한국 학교 재단이 설립되어 교민 교육의 중심적 역할을 담당하게 되었다. 오늘날 한글학교는 2009년에 개교한 필리핀 한국국제학교와 같은 공간에서 매주 토요일에 12개 학급으로 유년부·초등학교·중학교를 운영하고 있으며, 총 230명의 재학생이 등록되어 있다. 한때 재정적 어려움으로 폐교 위기에 처하기도 했지만, 교민 사회의 도움으로 다시 일어나 제2의 전성기를 맞이하고 있다.

한편 2009년 3월 1일에 정식 개교된 필리핀 한국국제학교의 경우, 필리핀에 거주하는 교민의 자녀 교육을 담당할 최초의 정규 교육기관이다. 한글학교와는 달리 한국의 정규 교육과정을 따르는 국제 학교의 경우, 장기체류 교민들의 자녀와 영어 연수를 위해 필리핀에 장기 체류하는 학생들을 대상으로 한다. 한국국제학교는 한국 정부와 한국대사관, 한국 기업과 교민들의 후원금으로 설립되어, 현재 유치부에서 고등부까지 13개 학급, 136명의 재학생으로 운영되고 있다. 한국 교육과학기술부에서 파견된 김성미 교장이 1대 교장으로 취임해, 행정 직원을 포함 34명의 한국인, 원어민, 필리핀 교직원들이 근무하고 있다. 이외에도 주말 한국 학교로 필리핀 남부학교, 한국 쉐마 학교, 바기오 한인 학교, 엥겔레스 한인 학교, 세부 한글학교, 다바오 한글학교, 마닐라 구세군, 카비테 한글학교, 수빅 한글학교, 글로벌 크리스천 아카데미 및 팔라우 한글학교 등이 운영되고 있다.

1970년대 이후부터 한국 기업들의 필리핀 진출이 눈에 띄게 증가했다. 1973년 한진중공업, 1974년에 남광토건이 각각 진출하고, 1975년에는 대한항공이 필리핀에 지사를 개설했다. 1976년에는 현대종합상사와 쌍용 등이 진출했으며, 1990년대 들어 삼성과 대우 등이 진출했다. 1990년대 본격화된 한국 대기업들의 직접투자와 공장 이전 등으로 필리핀에 유입되는 교민 수가 급속히 증가했다. 또한 유학생 및 관광객의 수도 빠르게 늘어 필리핀 교민 사회가 다양한 측면에서 규모가 확장되었다. 필리핀에서 조직되어 있는 한인 단체들은 필리핀 한인 총연합회(United Korean Community Association Inc.)를 비롯해, 재필리핀 한국 부인회, 재필리핀 선교단체협의회, 교포무역인협의회, 지사·상사 협의회, 민주평통자문회의 동남아협의회, 재필리핀 학생협의회, 그리고 바기오·엥겔레스·보라카이·세부·수빅·팔라우 등에 지방 한인회가 조직되어 활동하고 있다. 이외에도 한·필 의원친선협회, 한·필 민간경제위원회, 한·필 자원협력공동위원회 등이 있다.

필리핀에 대한 한인들의 진출은 기업뿐만 아니라 다양한 분야에서 이루어졌다. 한국의 문화와 음식도 필리핀에 급속히 전파되기 시작했다. 한국문화교류단의 태권도 교관 자격으로 홍성천 현 한국국제학교 이사장이 필리핀에 처음 진출했다. 그는 이후 1977~1986년까지 라살 대학교 체육학 교수로 근무하면서 태권도 보급에 크게 공헌했다. 오늘날 필리핀에서는 태권도가 큰 인기를 얻고 있으며, 필리핀 국가 대표가 국제 대회에서 금메달을 기대할 수 있는 몇 안 되는 종목이 되었다. 한편, 이 당시만 해도 필리핀 한인 식당은 손으로 꼽을 정도였다. 코리안 빌리지, 송림원, 코리안 팔라스 등 마닐라를 중심으로 영업을 했으며, 이때부터 필리핀에 거주하던 한인들은 물론 필리핀 사람들에게 한식 전파의 첨병 역할을 했다. 당시부터 존재했던 한식당들 가운데 코리안 빌리지와 코리안 팔라스를 제외하고는 대부분 자취를 감추었고 그 기록도 찾아보기 힘들다.

한국이 전 세계적인 관심을 받았던 1986년 아시안게임과 1988년 서울 올림픽이 끝나고 이듬해인 1989년에 한국 정부는 여행 자유화 조치를 실시했다. 그 결과 기업들의 해외시장 개척 붐과 조기 유학 열풍이 맞물리면서 관광, 어학연수, 사업, 은퇴 이민 등 각기 다른 목적으로 많은 한국인들이 필리핀을 방문했다. 1992년에 한국인의 필리핀 방문객 수는 2만6천 명이었으며, 그 수가 급속히 증가해 1997년에는 13만 명, 2003년에는 30만 명, 그리고 2012년부터는 1백만 명을 초과하고 있다.

지난 2009년은 한-필 수교 60주년이 되는 해였고, 2010년은 한국전 참전 60주년이었다. 이를 기념하기 위해 정부 차원에서는 물론 한인회 가 중심이 되어 다채로운 문화 행사가 진행되기도 했다. 특히 지난 2004년 배용준·최지우가 주연으로 열연한 〈겨울 연가〉가 일본열도 를 강타하면서 시작된 한류(韓流)는 필리핀 교민 사회에도 많은 영향을 미쳤다. 필리핀 주요 방송국의 황금 시간대에 한국 드라마가 연이어 방영됨으로써 필리핀 사람들 사이에 한국에 대한 이미지에 많은 변화 를 가져왔다. 드라마의 유행은 각종 한국산 제품과 식품, 기업의 이미 지에도 많은 영향을 준 것으로 나타났다. 한국동남아연구소(2010, 287-9)에서 마닐라 시민들을 대상으로 한 여론조사 결과에서도 한국인 과 한국의 제품, 그리고 기업에 대한 이미지가 긍정적임을 볼 수 있다. 몇 가지 질문에 대한 답변을 소개하면 다음과 같다.

'한국인에게 호감이 간다'라는 진술에 대해 42.4퍼센트(매우 그렇다+그 렇다)의 긍정률을 보였으며, '보통이다'라는 평가가 43.9퍼센트로 가장 높았고, 부정률(그렇지 않다+전혀 그렇지 않다)은 13.1퍼센트로 나타났다.

한국인에게 호감이 간다	응답 수	비율(%)
매우 그렇다	78	7.7
그렇다	351	34.7
보통이다	444	43.9
그렇지 않다	114	11.3
전혀 그렇지 않다	18	1.8
무응답	6	0.6
총합	1011	100

'한국 제품을 선호한다'라는 진술에 대해 31.8퍼센트(매우 그렇다+그렇다)의 긍정률을 보였으며, '보통이다'라는 평가가 49.5퍼센트로 가장 높았으며, 부정률(그렇지 않다+전혀 그렇지 않다)은 17.4퍼센트를 나타냈다.

한국 제품 선호	응답 수	비율(%)
매우 그렇다	58	5.7
그렇다	264	26.1
보통이다	500	49.5
그렇지 않다	149	14.7
전혀 그렇지 않다	27	2.7
무응답	13	1.3
총합	1011	100

'한국 제품의 품질이 좋다'라는 진술에 대해 33.2퍼센트(매우 그렇다+그렇다)의 긍정률을 보였으며, '보통이다'라는 평가가 51.8퍼센트로 가장 높았고, 부정률(그렇지 않다+전혀 그렇지 않다)은 14.0퍼센트를 나타냈다.

제품 품질	응답 수	비율(%)
매우 그렇다	64	6.3
그렇다	272	26.9
보통이다	524	51.8
그렇지 않다	126	12.5
전혀 그렇지 않다	15	1.5
무응답	10	1.0
총합	1011	100

'주변 사람에게 한국 제품을 추천하고 싶다'라는 진술에 대해 27.5퍼센트(매우 그렇다+그렇다)의 긍정률을 보였으며, '보통이다'라는 평가가 50.9퍼센트로 가장 높았고, 부정률(그렇지 않다+전혀 그렇지 않다)은 20.9퍼센트로 나타났다.

제품 추천	응답 수	비율(%)
매우 그렇다	49	4.8
그렇다	230	22.7
보통이다	515	50.9
그렇지 않다	172	17.0
전혀 그렇지 않다	39	3.9
무응답	6	0.6
총합	1011	100

'한국 기업에 대한 이미지가 좋다'라는 진술에 대해 38.8퍼센트(매우 그렇다+그렇다)의 긍정률을 보였으며, '보통이다'라는 평가가 48.9퍼센트, 부정률(그렇지 않다+전혀 그렇지 않다)은 11.7퍼센트로 나타났다.

이미지 좋음	응답 수	비율(%)
매우 그렇다	74	7.3
그렇다	318	31.5
보통이다	494	48.9
그렇지 않다	103	10.2
전혀 그렇지 않다	15	1.5
무응답	7	0.7
총합	1011	100

한국에 대한 필리핀 사람들의 호의적인 분위기는 일찍이 필리핀에 이주해 현지인과 함께 교육을 받은 교민 1.5세대들이 필리핀 방송가에 진출해 두각을 나타내는 현상으로 나타나고 있다. 현재는 2NE1에서 활발한 활동을 펼치고 있는 '산다라박'이 대표적인 인물이다. 그녀는 필리핀에서 가장 영향력 있는 방송사라고 할 수 있는 ABS-CBN의 오디션 프로그램에 참가해 2등을 차지함으로써 필리핀 연예계에 데뷔했다. 이후 한국의 연예기획사에 발탁되어 현재 한국의 아이돌 가수로 활동하고 있다. 이 밖에도 필리핀 방송 Q채널에서 엠시(MC)와 디제이(DJ) 등으로 활동 중인 오상미(Sam Oh), GMA 채널에서 활동 중인 이경

희(Grace Lee), 그리고 또 다른 오디션 프로그램에서 입상해 ABS-CBN 채널을 중심으로 엠시와 코미디언으로 활약 중인 방성현(Ryan Bang) 등이 있다. 많은 필리핀 사람들은 이들이 한국인이며, 필리핀 방송가에서 대중적 인기를 바탕으로 확고한 기반을 다지고 있다고 보고 있다.

필리핀 내에서 한류 바람을 지속적으로 이어가기 위한 노력이 한국 정부와 교민 사회를 중심으로 지속되고 있다. 지난 2010년 주필리핀 한국 대사관이 이전하면서 새롭게 개원한 한국문화원은 2011년부터 한국 문화를 알리는 사업을 추진하고 있다. 여기에서는 한국어, 탈춤, 국악, 사물놀이, 서예, 공예, 태권도, 한국 노래 등 다양한 문화 프로그램을 진행하고 있다. 아직 시작 단계에 있는 한국문화원이 일방적으로 한국의 문화를 필리핀 사람들에게 주입한다는 인상을 주기보다는 한국과 필리핀을 잇는 문화 교류의 통로라는 인식을 갖는 것이 필요할 것이다. 더불어 계층 간 소득 격차가 심한 필리핀에서 고가의 한국 제품이나 한국 음식 혹은 문화를 쉽게 소비할 수 없는 많은 필리핀 대중에게 좀 더 쉽게 한국 문화를 접할 수 있도록 유도하는 것도 필요한 과제로 지적되고 있다.

2. 한국인의 필리핀 유학

오랜 서구의 식민지를 경험하면서 필리핀에서는 일찍이 근대적 교육기관이 발달했다.[15] 1611년에 스페인 통치하에서 마닐라에 설립된 산

토토마스대학교(University of Santo Tomas, UST)는 아시아 최초의 근대식 대학으로 유명하다. 필리핀은 1863년에 반포된 교육 법령에 따라 공립 교육제도가 수립되었고, 이 법령에 기초해 지방정부의 책임하에 각 마을(town)마다 소년·소녀들을 위한 학교를 설립했다. 스페인의 식민 통치를 이어 받은 미국은 필리핀 근대 교육제도의 근간을 수립하는 데 지대한 영향을 주었다. 고도로 집중된 공립학교 제도가 1901년에 미국 정부의 감독하에 필리핀위원회에 의해 수립되었다. 교육 언어로서 영어가 채택되었으며, 부족한 교사들을 충당하기 위해 5백여 명의 교사들(Thomasites)을 미국에서 들여오기도 했다. 지방정부의 관할하에 중등교육 과정(secondary education)[16] 제도가 1902년에 수립되었으며, 1908년에는 필리핀 의회의 포고령을 통해 필리핀 국립대학교가 설립되었다. 미국 정부의 후견하에 제정된 1935년 필리핀 헌법에는 필리핀 내의 모든 공립학교에서 무료 교육을 실시하도록 명시했다.

외국인으로서 필리핀의 대학에 입학하기 위해서는 기본적으로 10년간의 초·중등 교육과정을 이수했다는 것을 증명해야 한다. 그리고 개별 대학에서 시행하는 입학시험을 통해 입학할 수 있다. 일반적으로 대학에서 실시하는 입학시험 과목은 영어·수학·과학·지능(IQ) 등으

15_한국인의 필리핀 유학에 관해서는 김동엽·정법모(2009)에서 인용했으며, 내용의 구체적인 출처는 인용 원문을 참조.

16_필리핀에서 고등학교(high school)는 중등교육 과정으로 6년 과정의 초등학교 (primary school)를 졸업하고 입학한다. 4년 과정인 필리핀 고등학교는 많은 국가들이 채택하고 있는 6년 과정의 중등교육 과정에 2년이 부족하다. 최근 들어 필리핀 정부는 국제적 기준에 맞추어 유치원 2년과 초·중등학교 12년 과정으로 재편하는 교육개혁 (K-12)을 추진하고 있다.

로 되어 있다. 입학시험을 실시하는 시기는 대학마다 다르며, 일반적으로 새 학기가 6월에 시작하므로 전년 8월부터 입학시험을 치르기 시작한다. 근래에는 필리핀에서 조기 유학을 하는 한국 학생이 늘어남에 따라 필리핀에서 고등학교를 졸업하고 필리핀 내 대학에 입학하는 경우도 증가하고 있다.

필리핀에는 전통적으로 의학·보건 분야, 예술 및 자연과학, 상업 및 경영학 과정 등에 외국인 학생들이 많이 입학해 왔다. 과거에는 대부분의 유학생들이 미국이나 주변 동남아 국가에서 왔지만, 근래 한국이나 중국 학생들이 급속히 증가하고 있는 추세이다. 한국인에게 필리핀은 과거 의대나 약대, 치대를 지망하는 학생들에게 선호되는 유학 대상국이었다. 하지만 한국 유학생들이 밀려들면서, 편법이나 브로커 등의 알선으로 졸업장을 비정상적으로 받는 사람들이 나타나, 필리핀의 의료 분야 관련 한국 유학생은 국내에서 적지 않은 문제를 야기하기도 했다. 이에 따라 한국의 보건복지부는 지난 1994년 7월 외국의 의대 졸업생은 해당 국가에서 면허를 취득해야만 국내 보건 의료인 국가고시를 볼 수 있도록 관련법을 개정했다. 또한 2005년에는 외국에서 의대나 치대를 졸업한 후 의사 면허를 취득한 사람이 국내에서 활동하려면 국내 의사 국가고시 응시 전에 예비시험을 치르도록 법을 개정했다. 한국에서 의사 국가고시 응시 자격을 획득하기 어려울 뿐만 아니라, 필리핀에서도 원칙상 한국인이 필리핀 영주권을 취득하지 않는 한 면허 시험에 응시할 자격이 주어지지 않는다. 이 때문에 필리핀에서 의료 관련 유학을 하는 한국 학생의 수는 현저히 줄어들었다.

최근 한국 유학생은 영어 습득 효과와 이를 통해 미국이나 영국, 호주 등으로 진학하는 중간 과정으로 필리핀을 이용하려는 경우가 많다.

한국 유학생의 수는 기하급수적으로 증가했지만, 단기간의 교환학생이나 어학 과정에 등록한 학생들의 비중이 큰 것은 이와 같은 사실을 반증한다. 그 밖에도 1990년 후반 이후 필리핀에 진출한 한국인이 전체적으로 많아짐에 따라 필리핀에서 일찍부터 학교교육을 받기 시작한 자녀들이 현지 대학에 입학하면서 학생 수가 증가한 측면도 있다. 필리핀 국립대학교의 경우 많은 외국 학생들이 수학하는 것으로 유명하다. 각 단과대학마다 한국 학생들이 거의 등록해 있지만, 신문방송대학과 음악대학에 특히 많다. 신문방송대학은 한국의 한 대학이 과 차원에서 교환학생을 보내면서 많아진 경우이고, 정규 학생이 가장 많이 등록한 곳은 음악대학이라고 할 수 있다. 이 대학에 입학하기 위해서는 UP입학시험(UPCAT)을 치러야 하는데, 필리핀어 시험도 포함되어 있어 어려서부터 현지에서 교육받지 않은 학생들은 합격하기 힘들다. 따라서 외국인 정규 학생들은 많은 경우 다른 학교에서 우수한 성적을 받아 편입 자격을 갖춘 후 편입하는 방식으로 입학한다. 반면 예체능계 학과는 상대적으로 결원이 많다는 점과 입학시험에서 실기의 비중이 높기 때문에 한국 학생들이 종종 입학하기도 한다. 한편 과거에 유학생의 다수를 차지하던 대학원 유학생의 수는 급속히 줄어들어 극히 소수를 차지하고 있다.

필리핀에 유학하는 한국 학생들이 졸업 후 선택할 수 있는 진로는 필리핀에 거주하면서 직업을 구하는 경우, 한국에 복귀하는 경우, 제3의 국가로 진출하는 경우로 구분할 수 있다. 하지만 대부분의 학생들은 필리핀에서 좋은 연봉의 직업을 찾기가 어려워 한국에 복귀하고 싶어 하지만, 필리핀 대학의 인지도가 낮아 그리 쉽지 않다고 한다. 그래서 현지 경험이 오래되고 외국어 능력이 탁월한 학생들은 미국이나 다른 국가의 대학원 과정에 진학하는 경우가 많다. 외국의 대학원에서 필리핀 대학의 학위를 문제시하는 경우는 거의 없는 것으로 알려져 있다.

근래 한국에서 크게 번졌던 조기 유학 열풍으로 필리핀에도 많은 한국인 초중고등학교 학생들이 유입되었다. 필리핀에서는 국제 학교에서 수학하는 한국인 학생들을 쉽게 발견할 수 있다. 또한 근래 많은 학생들이 단기 어학연수나 교환학생의 명목으로 필리핀에 거주하고 있다. 교육인적자원부의 2009년 국감 자료를 보면 우리나라 초중고 학생들 가운데 여름방학에 30일 이상 해외 어학연수를 다녀온 학생의 수는 7,481명이라고 전했다. 한국교육개발원 자료에 의하면, 1998년에 1,562명이던 조기 유학생이 2008년에는 2만7,349명으로 늘었다고 밝혔다. 유학 목적지 국가별 출국자 수는 미국(32.1퍼센트), 동남아(19.5퍼센트), 중국(13.2퍼센트), 캐나다(12.6퍼센트), 호주(5.0퍼센트), 뉴질랜드(4.0퍼센트) 순이며, 동남아 지역 출국자는 7,973명, 이 가운데 60~70퍼센트 이상의 학생이 필리핀에서 어학연수를 목적으로 체류한 것으로 추정된다. 한국통계청 자료에 따르면, 2010년 6월 기준으로 2000년 이후 누적 집계된 조기 유학자만 15만4,345명에 달하는 것으로 나타났다. 2010년 68만 명이 다녀간 필리핀에서 어학연수는 관광에 이어 방문 목적 2위를 차지했다. 필리핀은 주요 선진국에 비해 비교적 저렴한 유학비용으로 중산층 가정에서 조기 유학 코스, 연계 연수의 시발점으로 주목을 받고 있다. 또한 최근 몇 년 사이에 한국의 대학들과 필리핀의 대학들이 교류 협력(MOU 혹은 MOA)을 맺어 학생 교류와 공동 연구 사업을 진행하는 경우가 급속히 증가하고 있다.

3. 한국인의 필리핀 은퇴 이주

은퇴자들의 유입은 소비력을 갖춘 인구의 유입을 의미하기 때문에 은퇴지로서의 적절한 조건, 특히 온화한 기후와 저렴한 생활비 등을 갖춘 국가들은 이들에 대한 적극적인 유치 정책을 추진하고 있다. 특히 동남아 국가들이 해외 은퇴자들을 유치하기 위해 적극적으로 나서는 이유는 잠재적 시장이 방대하기 때문이다. 60세 이상 은퇴자 인구를 보면, 미국·유럽·일본·한국·대만 그리고 중국을 합해 2015년에는 4억2,500만 명에 이를 것으로 예상된다. 일본만 하더라도 3년 동안 약 7백만 명의 60세 이상 은퇴자를 배출할 것으로 예상되기도 한다. 필리핀은 은퇴 이주를 국가적 우선 사업으로 선정하고 유치에 적극적으로 나서고 있다. 이와 같은 적극적인 유치 정책과 한국에서 급속히 증가하는 노인 인구 비율의 증가가 맞물려 많은 수의 한국인들이 필리핀으로 은퇴 이주를 떠나고 있다.[17]

필리핀에서 은퇴 비자를 취득하기 위해서는 일정한 요건을 충족해야 한다. 신청하는 연령이 35세에서 50세 사이이면 미화 5만 달러를 예치해야 하고, 50세 이상인 경우에는 미화 2만 달러만 예치하면 된다. 예치금은 콘도미니엄 소유권 구입이나 주택·토지·연립주택의 20년 이상 장기 임대, 골프나 컨트리클럽 지분 소유권 구입, 필리핀 증권거래소에 등록된 법인의 지분 투자 등으로 사용할 수 있다. 그리고 은퇴

17_한국인의 필리핀 은퇴 이주에 관한 내용은 김동엽(2009)에서 인용했으며, 좀 더 구체적인 출처는 인용 원문을 참조.

비자 취득 시 다양한 혜택을 약속하고 있다. 즉 수시 출입국 가능, 이민국에서 발행하는 출국 확인서 및 재입국 허가서 불필요, 이민국에 매년 등록해야 하는 외국인 등록 면제, 시가 미화 7천 달러 상당 개인 물품 반입 시 세금 면제, 입국일로부터 1년 이내 출국 시 여행세 면제, 특별 학업 허가(Special Study Permit) 면제, 연금 송금 시 면세 등을 제공한다. 은퇴 비자 신청 시 본인과 배우자, 그리고 21세 미만의 미혼 자녀 한 명은 동반인으로 은퇴 비자의 혜택을 받을 수 있다. 동반 자녀 1명이 추가될 경우에는 1만5천 달러를 추가로 예치하면 된다. 일단 은퇴 비자 프로그램에 들어온 자녀는 21세가 넘어도 지속적으로 비자가 유지된다.

필리핀으로 은퇴 이주를 하는 한국인들은 미국인이나 일본인과는 달리 은퇴 비자 신청 시 가족을 동반하는 경우가 많으며 이주 연령대도 낮은 것으로 나타난다. 이는 대부분이 자녀들의 유학과 연계해 이주하기 때문이다. 이처럼 비교적 젊은 연령대의 사람이 가족과 함께 이주하는 경우는 휴식의 의미를 갖는 은퇴를 위해서라기보다는 은퇴 비자의 혜택을 이용해 필리핀에서 새로운 삶을 개척하려는 목적이 많다. 자녀의 유학을 위해 은퇴 비자를 신청하는 경우도 있는데, 이들은 기러기 가족으로 살거나 현지에서 일정한 형태의 생업에 종사하기도 한다. 거주 지역도 보통 은퇴 이주자들이 선호하는 경치 좋은 휴양지가 아니라 대부분 대도시의 교육 여건이 좋은 지역들이다. 이런 이주 형태는 일부 개발업자들이 시도하고 있는 한국인 은퇴촌 건설 사업이 큰 호응을 얻지 못하는 이유이기도 하다. 한국인들에게 도시에서 벗어난 은퇴촌보다 오히려 대도시의 고급 콘도가 더 인기 있기 때문이다.

아직까지 한국인의 실질적 해외 은퇴 이주 인구는 많지 않지만 그

성장 잠재력은 상당히 높은 것으로 볼 수 있다. 한국 사회가 급속히 고령화되고, 연금 수급 은퇴자들이 본격적으로 양산될 시점에는 필리핀으로의 은퇴 이주가 급증할 가능성이 있다. 특히 한국에서는 2016년 이후 고액의 사적 연금 수급자 수가 급격히 증가할 것으로 예상되고 있다. 이들은 교육 수준이 높고 외국에서 생활한 경험이 많기 때문에 은퇴지로서 해외를 고려하는 경우가 많다. 이런 현상은 최근 은퇴 이주 관련 각종 행사에 수많은 사람들이 몰려드는 것을 통해서도 알 수 있다.

필리핀 은퇴 이주 사례로 텔레비전을 통해 소개된 이승태 씨 부부의 경우는 은퇴 이주의 참다운 의미를 보여 준다. 이 부부는 지역사회를 위해 자원봉사를 하면서 지역 주민들로부터 존경을 받으며 현지인들과 조화롭게 살고 있다. 이 부부처럼 현지 지역사회에 동화되어 살아가는 사람들도 있지만, 아직도 한국인들만의 공동체 내에서 고립된 생활을 하는 경우가 대부분이다. 한국인들이 필리핀으로 은퇴 이주를 결심하게 되는 가장 큰 이유는 각종 매체에서 소개된 바와 같이 낮은 물가와 인건비로 인해 저렴한 비용으로 안락한 생활을 할 수 있으리라는 기대 때문이다. 그러나 필리핀에 이주한 많은 사람들이 이주 전에 생각했던 생활비와 실제로 현지에서 지출 되는 생활비 사이에는 큰 차이가 있어서 당혹해 하는 경우가 많다. 특히 필리핀 사회의 상류층들이 거주하는 대도시 중심의 콘도미니엄이나 고급 주택단지에 정착하게 될 경우 더욱 그러하다. 필리핀에서 외국인으로 산다는 것은 필리핀 사회 상류층의 활동 영역에서 그들의 생활양식을 따르는 것을 의미한다. 이런 생활양식을 유지하기 위해서는 높은 수준의 생활비가 지출된다. 시내 고급 식당의 식사 가격은 우리나라와 비교해도 큰 차이가 나지 않는다. 한국인들이 주로 찾는 한국 식료품점의 물건들은 우리나

앙겔레스 시 한인 마트   사진 : 김동엽

라보다 비싸며, 특히 한국 식당의 경우 한국에서보다 오히려 비싼 식
사비를 지불해야 하는 경우가 많다.

경제적인 원인 외에도 문화적 차이에서 오는 불편함도 많다. 많은
한국인들이 필리핀 사람들에 대한 이해가 부족해 갈등을 야기하기도
한다. 한국인들은 현지인과 대화를 나눌 정도의 언어능력이 되지 못하
기 때문에 고립된 생활을 하게 되고, 따라서 교민들끼리만 서로 접촉
하고 의존하게 된다. 필리핀 생활의 가장 큰 혜택이라고 볼 수 있는 값
싼 인건비 또한 의사소통의 문제로 인해 제대로 향유하지 못하는 경우
가 흔하다. 즉 지시한 내용과 수용한 내용이 차이가 나고, 그 결과를 두
고 오해가 발생하는 것이다. 이럴 경우 한국인들은 알아들을 수 없는
큰 소리(한국말)로 호통을 치게 되고, 이런 상황에 익숙하지 않은 필리
핀 사람들을 당황하게 만들기도 한다. 이런 일이 반복되다 보면 아무
리 값싼 인건비라 할지라도 자신이 직접 가사 일을 하는 것이 오히려

편하다는 생각을 하게 된다.

한국인의 필리핀 은퇴 이주와 관련된 이런 경제적·문화적 어려움들은 시간이 흐르면서 점차 줄어들 것으로 예상된다. 한국에서 은퇴 연령에 해당하는 60세 이상의 세대는 경제 발전기에 바쁘고 힘든 삶을 살아오면서, 다양한 외부 문화를 접할 수 있는 기회를 갖지 못했음은 물론 여유 시간을 즐길 수 있는 방법 또한 제대로 배우지 못했다. 그러나 가까운 미래에 은퇴 연령대에 포함되는 세대들은 경제적 여유와 높은 교육 수준, 그리고 다양한 외국 생활 경험을 가지고 있는 사람들이 많아 은퇴 이주의 양상 또한 변화할 것으로 예상된다.

4. 필리핀인의 한국 진출 배경과 현황

필리핀 사람들은 해외 이주에 관한 한 오랜 역사를 가지고 있다. 이들은 초기에 주로 식민 지배의 역사와 관련해 유럽과 북미 지역으로 많이 이주했다. 한편, 주변국으로의 이주는 조금 상이한 배경을 가지고 있다. 일찍이 필리핀은 서구의 영향을 받아 근대적 고등교육 제도가 주변국들보다 먼저 발달했으며, 이런 고등교육 기관에서 배출된 많은 고급 인력들이 동남아를 비롯한 여러 지역에 진출했다. 그러나 필리핀인들이 가정부나 건설 노동자로 해외에 본격 진출하게 된 것은 1970년대부터였다. 이는 마르코스 독재 정권 시절을 거치면서 경제개발에 실패하고 국내에 양질의 일자리를 만들어 내지 못함에 따라 해외로 눈길을 돌리게 되면서부터였다. 특히 고등교육을 받은 많은 인력들이 국내에서 실업 상태로 남아 있는 것이 사회적 불안 요소가 된다고 판단한 마르코스 정권은 적극적으로 해외 일자리를 개척하는 정책을 실시했다.

필리핀 노동자들이 한국에 본격적으로 들어오기 시작한 것은 1980년 말부터이다. 당시 출입국 관리 통계를 보면 이를 잘 알 수 있다. 1987년부터 1990년까지 입국한 총 필리핀인은 1,217명(전체 입국자의 3퍼센트)이었으나, 1년 후인 1991년에는 무려 2만3,342명으로 늘어났다. 이는 1987년부터 전체 외국인 입국자 수의 26퍼센트에 해당하는 숫자였다. 이 시기는 필리핀인뿐만 아니라 거의 모든 아시아 지역 출신 외국인들의 입국이 증가했는데, 대표적인 '노동력 수출' 국가들이라고 할 수 있는 방글라데시·네팔·파키스탄 출신 이주자의 증가세가 두드러졌다. 이와 같이 이주 노동자들이 대규모 입국하게 된 배경에는 1991년 10월 노태우 대통령이 중소기업인 초청 만찬회에서 기업의 인력난을 해소하기 위해 사회적 문제가 발생하지 않는 한도 내에서 외국인 취업을 확대하도록 지시했던 것도 한몫했다. 하지만 무엇보다 근본적인 이유는 1990년 걸프전의 발발로 이 지역에 이주해 있던 동남아출신의 남성 노동자들이 대거 귀국해 실업 상태에 있었다는 점과, 당시 한국이 제조업과 건설업 분야에서 심각한 노동력 부족 현상을 보이기 시작했다는 점이 주요했다고 볼 수 있다.[18]

입국한 이주 노동자들 가운데 필리핀인이 압도적인 다수를 차지하

18_필리핀 이주 노동자들의 한국 진출에 관한 일부 내용은 권종화(2004, 54-6)에서 인용했다. 좀 더 구체적인 출처는 인용 원문을 참조.

표 5-2 | 필리핀인 한국 체류 현황(2012년 현재)

체류 목적	체류자 수			
	합계	비율(%)	남자	여자
비전문 취업	16,949	40.15	13,738	3,211
결혼 이민	5,959	14.11	181	5,778
단기 방문	5,730	13.57	2,732	2,998
거주	3,319	7.86	105	3,214
예술 흥행	3,303	7.82	373	2,930
방문 동거	2,037	4.82	335	1,702
특정 활동	804	1.90	669	135
동반	793	1.88	207	586
협정	750	1.78	89	661
유학	429	1.02	193	236
무역 경영	421	1.00	252	169
영주	409	0.97	24	385
관광	333	0.79	241	92
산업 연수	312	0.74	202	110
종교	276	0.65	90	186
교수	86	0.20	26	60
기타	309	0.73	279	30
총 체류자 수	42,219	100.00	19,736	22,483

자료: 한국통계청, 국적별/성별/체류자격별 등록 외국인 수, 2012.

면서 이 당시 사회문제로 부각되기 시작한 '불법 체류 외국인'에 대한 신문 보도나 정부의 정책 발표에 있어서 필리핀이 가장 많이 언급되었다. 특히 당시는 이주 노동자의 인권 문제가 제대로 보호받지 못하던 시절이었기 때문에 외국 노동자의 유입 배경과 사회적 기능 등에 대한 사려 깊은 보도보다는 불법체류 실태 및 단속과 같은 부정적이고 자극적인 보도가 주를 이루었다. 미군 부대 주변을 중심으로 성매매 산업에 유입된 외국 여성들에 대한 보도 또한 이때 처음 등장하기 시작했는데, 대부분이 필리핀인이라는 점이 주목의 대상이 되었다. 필리핀인 입주 가정부에 대한 보도도 등장했는데, 한국의 일부 부유층에서 한국인 입주 가정부를 구하기 힘들어지자 육아, 청소 심지어 영어 교육까지 할 수 있는 '전천후' 필리핀 여성들을 불법적으로 고용하는 사례가 나타났다는 것이다. 당시 한국에서 외국인 노동자에 대한 수요는 증가했지만, 이를 합법적으로 수용할 수 있는 제도가 제대로 갖추어지지 않았기 때문에 대부분 불법 체류가 많았다. 이런 불법 체류자들에 대한 단속과 처벌 그리고 여과 없는 언론 보도는 오늘날 한국인들이 외국인 노동자들을 바라보는 시각을 부정적으로 만드는 데 일조한 것으로 볼 수 있다.

〈표 5-2〉에서 볼 수 있듯이 한국에 체류하는 필리핀인들의 체류 목적을 살펴보면 비전문 취업 인원이 전체의 40퍼센트가량을 차지해 가장 많은 것으로 나타난다. 그 뒤를 이어 결혼 이민이 약 14퍼센트를 차지하고 있으며, 단기 방문, 거주, 예술 흥행 등 다양한 목적으로 입국하고 있다. 대한민국 법무부출입국·외국인정책본부 2012년 『통계연보』에 나타난 불법 외국인 거주 현황을 살펴보면, 필리핀인의 경우 총 1만3,613명으로 나타났으며 남자가 8,128명이고 여자가 5,488명으로 집계되었다. 이는 중국인(5만883명), 한국계 중국인(1만8,909명), 베트남인(2만5,665명), 태국인(1만7,591명)에 이어 다섯 번째를 차지하고 있다.

필리핀 사람들의 한국으로의 이주 형태는 1990년대 말 이후 노동 이주에서 결혼 이주로 점차 변화하기 시작했다.[19] 이는 한국에서 국제 결혼이 유행하는 시점과 일치한다. 한국은 1995년 이후 세계화 정책을 본격화하면서 인구와 자본의 해외 진출이 급속도로 확대되었다. 필리

19_필리핀 결혼 이주 여성에 관한 내용의 김동엽(2010)에서 인용했으며, 내용의 구체적인 출처는 인용 원문을 참조.

표 5-3 | 필리핀 국제결혼 이주 여성들의 파트너 국적별 성향

배우자 국적	여성 평균연령	남성 평균연령	대학 졸업(%)	초혼(%)
미국	32.9	44.3	67.1	84.2
캐나다	32.0	39.2	78.2	83.6
호주	30.1	44.9	66.3	79.8
일본	27.7	43.4	33.0	91.8
대만	28.9	33.6	59.0	97.0
한국	27.2	37.6	50.0	97.6

자료 : Commission on Filipinos Overseas, 김정석(2009, 10)에서 재구성.

핀으로의 한국 자본과 한국인의 유입은 2000년대 이후 빠르게 확대되었다. 이와 더불어 2003년부터 본격적으로 인기를 모으기 시작한 한국 드라마는 필리핀 사람들로 하여금 한국에 대한 친숙감을 더욱 증진시키는 데 기여했다. 이처럼 상품을 앞세운 기업들의 진출과 각종 목적으로 방문하는 한국 사람들, 그리고 한국 드라마의 방영 등은 한국이 필리핀 사람들에게 이주 목적지의 하나로 쉽게 떠오를 수 있게 했다고 볼 수 있다. 그리고 국제결혼과 직접적인 관련이 있는 결혼 중계 업체의 진출은 한국에 대한 필리핀 사람들의 이미지 향상과 국제결혼을 선호하는 필리핀 사람들의 오랜 전통을 고려한 결과로 볼 수 있다.

필리핀 여성들의 국제결혼의 역사는 오래되었으며, 특히 언어나 문화적 친밀성으로 인해 서구권 남성들과 결혼하는 경우가 많았다. 한국인과의 국제결혼 초기 형태는 1980년대부터 시작된 한 종교 단체의 결혼 주선 프로그램을 통한 것이었다. 이후 1990년대 후반부터는 '농촌 총각 장가 보내기 사업'이 세간의 주목을 끌기 시작했고, 국제결혼 중개 업체들의 활동이 가시화되면서 필리핀 여성과의 국제결혼이 한국 사회에 부각되기 시작했다. 한국으로 국제결혼을 통해 이주하는 필

리핀 여성들의 성향은 인근 국가인 일본과 대만으로 이주하는 여성들과 유사한 반면, 서구권 국가들로 이주하는 여성들과는 어느 정도 차이를 나타낸다. 〈표 5-3〉에서 볼 수 있는 바와 같이 한국을 포함한 동아시아 남성들과 결혼하는 필리핀 여성들의 연령대와 학력이 상대적으로 낮으며, 초혼인 경우가 많다.

필리핀 여성들의 국제결혼 이주의 원인으로 많은 경우 '식민지 역사의 산물', '경제적인 빈곤 탈출의 수단', '가족 부양을 위한 방편' 등과 같이 단순화해서 설명하기도 한다. 그러나 실제로 결혼이 이루어지는 데에는 '우연적인 요인', '종교적인 요인', '결혼에 대한 기대와 환상' 등이 복합적으로 작용하는 것을 볼 수 있다. 특히 교통 통신의 발달과 상호 교류 기회가 확대됨에 따라 남녀 간의 교제 기회도 많아진다는 점에서 국제결혼의 다양성이 한층 증가하고 있는 것이 현실이다. 따라서 필리핀 여성들의 국제결혼 이주 원인을 지나치게 단순화하는 것은 오히려 본질을 왜곡시킬 위험이 있다. 그럼에도 불구하고 한국인과 국제결혼을 통해 이주하는 필리핀 여성들의 상당수는 경제적 원인이 가장 크다. 이는 근대화 과정에서 필리핀의 국내시장이 가지고 있는 특징에서 기인한다고 볼 수 있다. 필리핀의 시장구조는 높은 실업률과 더불어 낮은 생산성을 나타내는 농업과 서비스업의 고용 비중이 높고, 생산성이 높은 제조업·광업 분야에는 상대적으로 고용률이 낮다. 국내의 높은 실업률, 저소득, 고물가라는 시장 환경은 국민들로 하여금 좀더 높은 소득을 보장하는 해외로 진출하려는 동기를 제공한다. 한 시민 단체에서 조사한 결과를 보면, 일본·대만·한국으로 결혼 이주한 필리핀 여성들의 이주 전 고용 여부를 묻는 질문에 대부분은 직업이 없었던 것으로 나타났다. 그리고 한국으로 결혼 이주한 필리핀 여성들의

표 5-4 | 한국인의 국제결혼 총 건수(한국 남자＋외국 여자, 국적별 통계)

	2005	2006	2007	2008	2009	2010	2011	2012
국제결혼 총 건수	42,356	38,759	37,560	36,204	33,300	34,235	29,762	28,325
한국 남자＋ 외국 여자	30,719	29,665	28,580	28,163	25,142	26,274	22,265	20,637
중국	20,582	14,566	14,484	13,203	11,364	9,623	7,549	7,036
베트남	5,822	10,128	6,610	8,282	7,249	9,623	7,636	6,586
필리핀	980	1,117	1,497	1,857	1,643	1,906	2,072	2,216
일본	883	1,045	1,206	1,162	1,140	1,193	1,124	1,309
캄보디아	157	394	1,804	659	851	1,205	961	525
태국	266	271	524	633	496	438	354	323
미국	285	331	376	344	416	428	507	526
몽골	561	594	745	521	386	326	266	217
기타	1,183	1,219	1,334	1,502	1,597	1,532	1,796	1,899

자료 : 한국통계청.

국제결혼 이주 동기에 관한 질문에 대해, '가난에서 벗어나려고'라는 응답이 압도적으로 많았다.

필리핀재외국민위원회(CFO, Commission on Filipinos Overseas)에서 공개한 통계자료에 따르면, 2008년도에 한국인과 국제결혼을 한 필리핀인 수는 남녀를 합쳐 809명이며, 이는 미국(8,333명), 일본(4,142명), 호주(1,348명), 캐나다(1,011명)에 이어 다섯 번째이다. 필리핀 사람들이 한국인과 결혼하는 경우는 1996년 이후 점진적으로 증가하고 있으며, 이런 추세는 감소세를 나타내고 있는 다른 나라 사람들과의 결혼 건수와는 대조를 이룬다. 한편, 한국통계청 자료에 따르면, 한국인과 결혼한 필리핀 여성의 수는 2000년까지 총 1,174명이었던 것이, 2006년부터는 매년 1천 명을 초과하며 2011년부터는 한 해에만 2천 명이 넘는다. 〈표 5-4〉에서 보는 바와 같이 필리핀 여성은 한국 남성과 결혼하는 외국인 가운데 중국과 베트남에 이어 세 번째를 차지한다.

한국인과 결혼한 필리핀 결혼 이주 여성들의 생활환경은 중국이나 일본에서 온 결혼 이주 여성들과 일정한 차이점을 나타내며, 같은 동남아에서 온 베트남 결혼 이주 여성과 유사한 점을 발견할 수 있다. 특히 부부의 연령 차이가 상대적으로 높고 초혼인 경우가 많은 것이 특징이다. 그러나 베트남 여성에 비해 필리핀 여성의 학력이 상대적으로 높은 것을 볼 수 있다. 필리핀 결혼 이주 여성들은 중국이나 일본인 여성들에 비해 남편들이 농업에 종사하며, 수도권과 광역시 이외의 기타 지역에 거주하는 경우가 많은 것으로 나타난다.

필리핀 결혼 이주 여성들이 합법적인 신분으로 한국 사회에 정착하지만, 세계화된 시장경제 체제의 위계질서 속에서 상대적으로 낙후된 국가에서 왔다는 이유만으로 사회적 편견의 대상이 되기도 한다. 더불어 한국의 주류 사회에 통합하는 데 유용한 인적 자본, 물적 자본 그리고 네트워크와 같은 초기 자본이 미흡한 상태에서 이주하는 경우가 대부분이다. 경제적 원인으로 국제결혼을 선택한 경우는 보통 파트너의 경제적 자본과 이를 공유함으로써 자신의 의도를 실현할 수 있으리라 기대한다. 그러나 다양한 사례들에서 볼 수 있듯이, 이런 기대를 가지고 한국으로 이주한 필리핀 여성들의 대다수는 한국 사회에서도 소외된 계층의 사람과 만나는 경우가 흔하다. 이는 2005년 보건복지부가 조사한 내용에도 극명히 드러난다. 한국에 살고 있는 국제결혼 가정의 52.9퍼센트가 절대 빈곤 상태에 있는 것으로 조사되었다. 즉 한국에서 함께 살게 될 파트너로부터 제공받을 수 있는 경제적 자원과 배경도 지극히 제한적이며, 더구나 신랑 측에서 비용을 지불하고 결혼 중계 업체를 통해 결혼한 경우에는 가족 내에서 비인격적인 불평등 관계가 수립되기도 한다. 또한 이들이 직면하는 언어적·문화적 그리고 거주 환경적 장벽은 이들의 삶을 더욱 더 주변적인 존재로 몰아간다.

이런 한국의 가정적·사회적 상황은 필리핀 결혼 이주 여성들로 하여금 나름대로 이주의 목적을 실현하기 위한 방법을 모색토록 이끈다. 특히 결혼은 가정의 형성과 자녀의 출생이라는 새로운 삶의 출발을 의미하기 때문에 실존적인 전략으로서 경제활동에 뛰어들게 되고, 이들이 직면하는 구조적 한계와 자신의 초국가적 정체성은 이들의 활동 영역을 초국가적 연계 속에서 찾게 만든다. 필리핀 결혼 이주 여성들의 초국가적 행태는 다양한 측면에서 나타난다. 가장 일반적으로는 친정 가족과 맺는 사적 영역에서의 활동이며, 이는 정기 혹은 부정기적인 송금이나 전화, 인터넷을 통한 지속적인 관계의 유지로 나타난다. 또한 가족들 간의 상호 방문을 통한 교류의 확대는 물론 출산이나 병환 돌봄을 제공하기 위한 장기 방문의 유형도 있다. 이런 사적 영역에서의 행태가 필리핀 여성들의 초국가적 행태의 중요한 부분을 차지한다. 이들이 공동체 활동에 참여하는 것도 많은 경우 개인적인 목적을 위한 방편일 수 있다. 특히 한국 사회에 적응하기 위해, 경제활동을 모색하기 위해 공동체 활동에 참여한다. 이들은 종교 활동이나 시민 단체 활동을 통해 공동체를 이루거나, 인터넷 사이트나 블로그 등을 활용하기도 한다.

필리핀 결혼 이주 여성의 초국가성은 한국 사회의 공적 영역에서도 다양한 영향을 미치고 있다. 국제결혼 이주 여성으로는 최초로 필리핀 출신 이자스민이 2012년 제19대 국회의원에 당선되었으며, 한국 내 다문화 정책에 관한 의정 활동을 펼치고 있다. 이자스민 의원은 2012년 『여성신문』에서 선정한 제10회 '미래를 이끌어 갈 여성 지도자상'을 수상하기도 했다. 사적인 영역에서는 국제결혼으로 새롭게 생긴 아내 쪽 친족 네트워크를 이용해 필리핀으로 이주해 정착하거나 자녀들의 영어 교육과 유학, 노후의 삶을 적은 비용으로 안락하게 보낼 수 있도록 은퇴 계획을 수립하는 등 다양한 측면에서 영향을 미치고 있다.

5. 한국 내 필리핀인 공동체

필리핀 이주 노동자들은 한국 사회에 도착한 후 다양한 공동체를 만들기 시작했다. 이는 초기에 합법적인 이주와 노동이 거의 불가능한 상황에서 스스로를 지키고 한국 사회에 발붙이기 위한 절박한 시도이기도 했다. 무엇보다도 혼자 힘으로 한국 사회에 적응하기 어렵다는 점 때문이었다. 우선 한국에 새로 도착한 이주자들은 한국의 관습과 문화에 대해 무지할 뿐더러 필리핀으로의 송금이나 전화 통화와 같은 가장 기본적인 사항에 대해서도 사전 정보 없이 입국하는 경우가 대부분이었다. 따라서 한국에서 오래 생활한 필리핀 사람들의 도움이 절실히 필요했으며, 이들은 필리핀 사람들이 많이 모이는 성당이나, 인근 지역 공장에서 일하는 동료로부터 도움을 받았다.[20]

1980년대 말부터 한국에 유입된 필리핀 이주 노동자들은 중소기업이 밀집한 성수동·자양동·왕십리를 중심으로 모이기 시작했다. 이들은 한국 생활을 시작하면서 근처 자양동 성당에 나갔고, 가까운 광

20_한국의 필리핀 공동체에 관한 내용은 주로 권종화(2004), 김선임(2010)에서 인용했으며, 좀 더 자세한 출처는 인용 원문을 참조.

진구에 위치한 착한목자수녀회 소속의 필리핀 수녀 메리 앤 테레날을 만나 1992년부터 자양동 성당에서 미사를 보았다. 당시 자양동 성당에는 과달 루페 외방선교회 소속 멕시코 선교사들이 사목활동을 하고 있었기에 그들의 도움과 마리안 수녀의 도움, 그리고 메리놀외방선교회 사제의 도움을 받았다. 한편 필리핀인 공동체의 최초 모임은 작은 예배 모임에서 시작되었다. 1991년 게리 마르티네즈(Gary Martinez)라는 사람이 중심이 되어 왕십리 개인집에서 몇몇 필리핀인들이 예배를 보기 시작했다. 이 모임에서 필리핀인들은 함께 한국말을 배우고, 구직 정보를 나누며, 노동문제를 해결하는 이주 노동자로서 삶의 애환을 공유했다.

1992년 명동성당 이주 노동자 상담소를 방문한 게리 마르티네즈는 필리핀인들이 자양동 성당에서 미사를 보고 있다는 소식을 듣고 동료들과 함께 미사에 참석했다. 곧 게리는 착한목자수녀원 사무실을 빌려 '자양동필리핀공동체'(Filipino Community)를 조직하고 초대 회장이 되었다. 그리고 필리핀외방선교회(M.S.P.) 소속의 레스티투토 갈랑(Restituto Galang) 신부가 초대 담당 신부로 부임했다. 당시 대부분의 필리핀 이주 노동자들은 '미등록 이주 노동자' 신분이었기 때문에 생활이 불안정할 수밖에 없었고, 이들에게 '자양동 필리핀 공동체'는 한국 사회에서 살아남기 위한 자발적 결사체였다. 공동체는 매주 일요일에 미사를 보는 것 외에 필리핀인들의 농구 모임도 만들었고, 『삼빠기따』(Sampaguita)라는 뉴스레터도 만들었다. 점차 참여자의 범위가 확대되면서 활동 범위도 확장되었다. 즉 종교, 사교, 오락, 직업소개, 임금 체불 상담 등을 넘어 송금에 대한 요구가 불거지자 공동체는 자양동 성당의 도움을 받아 송금 업무까지 대행했다. 필리핀 이주 노동자들의 규모가 커지자 1995년부터 필리핀 이주 노동자들을 위한 미사를 필리핀외방선교회가 담당했다. 그러나 인원이 증가함에 따라 송금 사기, 직업 소개 사기 등의 문제가 발생했다. 이에 수녀원 측은 1995년 1월 공동체 사무실을 폐쇄했고, 자양동 필리핀 공동체가 해체되었다. 또한 장소가 협소해 자양동 성당에서 미사를 보는 것이 어려워지자, 한국 가톨릭 서울대 교구는 1996년 혜화동 성당을 미사 장소로 알선해 주었다. 그리하여 1996년 12월부터 필리핀인들은 혜화동 성당에서 매주 일요일 오후 1시 30분 미사를 보게 되었다. 이로써 필리핀인들의 혜화동 시대가 시작되었다.

'혜화동 필리핀 공동체'의 시작은 1998년 3월 글렌 죠반니 자론 (Glenn Giovanni Jaron) 신부가 주임신부가 되면서부터였다. 글렌 신부는 혜화동 성당에서 미사를 보는 필리핀 이주 노동자들과 함께 '필리핀 이주자를 위한 사목회'(Archdiocesan Pastral Center for Filipino Migrants, 약칭 '가톨릭 센터')를 조직했다. 그리고 가톨릭 센터는 서울대 교구의 지원으로 혜화동 성당 건너편 건물 2~3층(약 40평)을 임대해서 사무실로 사용했다. 초기 1년간 임대료 및 운영비를 서울대 교구로부터 지원 받았고, 1년 뒤에는 미사 헌금에서 자체 충당했다. 공동체가 커져 장소가 협소해지자, 2001년 서울대 교구는 서울시 성북동의 4층 주택을 가톨릭 센터가 사용할 수 있도록 제공했다. 가톨릭 센터는 평일 미사(센터)와 주일미사(혜화동 성당)를 주관함으로써 필리핀 이주자들에게 종교 생활의 중심이 되고 있다. 가톨릭 센터는 20개의 부서로 나뉘어 있다. 부서 활동은 필리핀인들이 중심인 종교 활동과 교육 활동(노동법 교육, 컴퓨터 교육), 서울대 교구 노동사목위원회 이주 노동자 상담실이 도와주는 노동 상담 활동으로 이루어져 있다. 가톨릭 센터의 4층 공간 중 1층은 일요일 미사를 준비하는 공간이며, 2층은 주방과 사무실, 거실로 사용된다. 특히, 2층은 일요일 오전, 미사에 참석하기 전 필리핀인들이 그들의 음식을 먹고 한 주간의 이야기를 나누고 행정적인 업무를 보는 곳이다. 일요일 하루 이곳에서 식사를 하는 사람은 평균 1백여 명 정도이다. 3층은 컴퓨터 교육장, 유아세례를 위한 부모 교육장과 회의실로 사용되고, 4층은 필리핀 주임신부의 거처로 사용된다.

필리핀 이주 노동자들에게 가톨릭 센터는 모국에서의 신앙생활을 한국에서 유지할 수 있게 해주며, 낯선 땅에서 특히 가족과 헤어짐으로써 겪는 외로움 등을 달래고, 같은 배경과 처지의 사람들을 만남으로써 정서적 안정감을 찾도록 돕는다. 또한 센터는 종교 생활 이외에 한국 생활에서 부딪히는 각종 노동문제 등의 법적 절차, 고충 등을 해결하는 공간이며, 한국에서 필요한 교육을 받을 수 있는 곳이기도 하다. 가톨릭 센터는 필리핀인들의 문화 공간이고 복지 센터인 셈이다. 가톨릭 센터를 중심으로 활동하는 필리핀인들은 그곳을 '필리핀 공동체' 혹은 '혜화동 공동체'라고 부른다.

주일 미사를 중심으로 많은 필리핀 사람들이 모이게 되자 자연스럽게 향수를 달래 줄 수 있는 필리핀 장터가 생겨나기 시작했다. 초기 필리핀 장터는 자양동 성당에서 시작되었다. 1996년 필리핀인들의 미사 장소가 혜화동 성당으로 옮겨지면서 장터 역시 지금의 혜화동 자리로 이전했다. 필리핀 장터는 일요일 오전 10시부터 오후 5시까지 혜화동 성당 입구에서 동성고등학교 교문 앞까지 1백 미터 남짓의 거리에 '리틀 마닐라 상인연합회'(비공식 명칭) 소속의 노점상으로 이루어졌다. 장터에는 생선·채소·과일·빵·과자 등 식료품 일체와 비누·샴푸·화장품 등의 잡화, 필리핀 음식, 어린이 장난감에 이르기까지 다양한 물건을 파는 노점상들이 있다. 장터에서 판매되는 물건들은 대부분 필리핀에서 수입해 온 것들로, 물건 값은 필리핀 현지보다 비싸지만, 필리핀인들에게는 중요한 생필품들이다. 또한 노점의 양 끝자락에는 국제전화 카드를 파는 곳, 핸드폰이나 MP3 플레이어 같은 전자기기를 파는 곳까지 합세해 일요일 혜화동 장터를 더욱 풍성하게 만든다.

필리핀 장터를 좀 더 넓게 보면, 필리핀 음식을 먹을 수 있는 식당 4곳을 포함할 수 있다. 가장 오래된 식당 델몬트를 포함한 4곳의 식당에는 다양한 필리핀 음식이 뷔페로 차려져 있다. 이곳에서 필리핀인들은 밥을 기본으로 하고 먹고 싶은 음식 두 가지를 선택해 1인분 5천 원에 고국의 음식을 먹을 수 있다. 초기 장터 이용객은 성당에 미사를 보러 오는 사람들이었으나 차츰 미사와 무관하게 친구를 만나거나 장터와 식당만을 이용하기 위해 혜화동을 찾는 필리핀인들도 늘고 있다. 장터나 식당을 이용하는 이들은 음식이나 필리핀 상품만을 소비하는 것이 아니라, 고향 친구를 만나 이야기하고 모국의 노래도 부르고, 텔레비전으로 필리핀 방송도 보면서 일요일 하루만이라도 낯선 한국 사회의 삶에서 느끼는 애환을 녹인다.

필리핀 장터는 필리핀 이주민들에게 서울 한복판 혜화동에서 필리핀인들만의 공간을 공유함으로써 느끼는 유쾌함, 동질감, 일체감으로 이국에서의 긴장된 삶에 휴식을 제공한다. 한편 혜화동 공동체는 이미 한국 사회의 일부로 깊숙이 자리 잡고 있다. 혜화동 장터에서 장사하는 대부분의 한국인 노점 상인들은 필리핀 여성과 결혼해 다문화 가정을 이루고 있고, 그렇기에 자신들을 필리핀인으로 인식하고 행동한다. 이들은 자신의 처갓집이 필리핀이기 때문에 필리핀 사람들에게 호의적이고, 심지어 형제간이라 칭하기도 한다. 노점 상인들은 자신들이 공동체의 일원임을 적극적인 행위로 표출한다. 가톨릭 센터가 주최하는 농구 대회에 필리핀 마켓 팀으로 참석하거나, 매주 5천 원의 회비를 거둬 쓰레기봉투를 사서 노점 이용객이 발생시키는 쓰레기를 수거하는 한편, 남은 회비로 가톨릭 센터와 라파엘 클리닉에 쌀과 휴지를 사서 기부한다. 노점 상인들은 이런 책임 있는 행동을 통해 자신들을 공동체의 일원으로 인정해 주기를 바라고 있는 것이다.

한편 혜화동 공동체는 의료 서비스의 사각지대에 놓여 있는 필리핀 이주민들이 의료 봉사를 받을 수 있는 장소가 되기도 했다. 서울대병원 가톨릭의사회 소속 의사들을 중심으로 이루어진 '라파엘 클리닉'은 1997년 4월 13일 혜화동 성당 백동관에서 이주 노동자들을 대상으로 무료 진료를 시작했다. 1998년 6월부터는 현재의 동성고등학교 강당 4층으로 장소를 옮겨 지금까지 무료 진료를 하고 있다. 진료는 매주 일요일 오후 2시부터 이루어지며, 한 주는 진료 환자 수가 약 2백 명가량의 소진료로 이루어지고, 다른 한 주는 약 3백 명가량의 대진료를 실시하고 있다. 라파엘 클리닉은 필리핀 이주 노동자만을 위한 모임으로 만들어진 것은 아니다. 그러나 가톨릭 단체에서 지원하고 운영한다는 점 외에도, 진료가 혜화동 성당 옆 동성고등학교에서 이루어지기 때문에 실질적으로 필리핀 이주 노동자의 전담 병원 역할을 하게 되었다. 이런 도움에 대해 필리핀 정부는 라파엘 클리닉에 2006년 12월 필리핀 대통령상을 수여하기도 했다.

혜화동 공동체는 필리핀 이주민들이 송금 업무를 볼 수 있는 장소이기도 하다. 혜화동 거리에서 필리핀인들의 본국 송금을 위해 일요일 영업을 하는 곳은 외환은행, 필리핀 메트로은행, 우리은행 세 곳이다. 일요일 필리핀 이주 노동자들의 편의를 위해 은행에서 송금 업무를 담당한 것은 '자양동 공동체' 시절부터이다. 이주 노동자들은 이주 초기, 은행에 가도 말이 통하지 않았기 때문에 대부분 자신이 번 돈을 필리핀으로 보내는 방법을 잘 몰랐다. 뿐만 아니라 은행 업무 시간과 근무 시간이 겹치기 때문에 송금이 어려웠다. 이에 자양동 공동체에서 송금 업무를 대행해 주었고, 이후 매주 일요일 은행들은 성당에 임시 출장 소를 열고 송금 업무를 처리해 주었다. 외환은행은 혜화동 성당에서 내준 성당 대예배실 아래 사무실 공간에서 매주 일요일 송금 업무를 보다가 2010년 2월에 성당 건너편 일반 건물로 이전했다. 일요일 오전 10시부터 오후 4시까지의 영업만을 위해 공간을 마련한 것이다. 필리핀 메트로은행 역시 일요일 오전 12시부터 오후 5시까지 송금 업무를 위해 일반 건물 2층에 업무 공간을 마련하고 있다. 혜화동 로터리에 있는 우리은행은 평일 업무를 하던 곳에서 2006년 6월 25일부터 필리핀 이주 노동자들의 송금 업무를 위해 일요일 오전 10시부터 오후 4시까지 송금 업무를 한다. 매주 일요일 각 은행에서 송금을 의뢰하는 고객 수는 평소 약 2백 명이고, 매달 월급을 받는 10일 전후에는 평균 4백여 명의 고객이 이용하는데, 업무의 편의를 위해 필리핀인을 도우미로 고용하고 있다.

일요일 송금 업무를 위해 문을 여는 이 은행들은 혜화동 성당에 미사를 보러 오는 필리핀 이주 노동자들이 주요 고객이었다. 그러나 시간이 흐르면서 이 은행들은 독립적인 주체로서 자리매김되고 있다. 은행 이용만을 위해 일요일 혜화동을 찾는 필리핀인들이 증가하고 있다. 한편 은행들은 영업이익만이 아니라 혜화동 공동체의 일원임을 실천하고 있다. 우리은행은 은행 건물 2층에 '필리핀 근로자를 위한 작은 쉼터' 공간을 마련해 필리핀인들이 일요일 송금뿐만 아니라 만남의 장소로도 활용할 수 있도록 장소와 재정을 지원하고 있다.

한국에서 필리핀 공동체가 좀 더 조직적인 모습을 갖추기 시작한 것은 1990년대 말부터였다. 이들 중 카사마코(Kasamako; Katipunan ng Samahang Manggagawa sa Korea; Group of Solidarity Labor in Korea, 한국노동연합체)는 필리핀 이주 노동자의 노동권 보호를 위해 필리핀 이주 노동자들의 지역 조직 4개가 1998년 3월 8일 연합해 발족되었다. 여기에는 뉴이라(New era), 비꼴 공동체(Bicol Association), 아필모아, 필리핀 외국인고용허가제 근로자협회(Filipino EPS Workers Association, FFWK)가 포함되었다. FEWA는 고용허가제(Emplement Permit System, EPS)로 들어온 필리핀 이주 노동자들의 조직으로 2007년 7월 2일 당시 가톨릭 센터 주임 글렌 신부의 제안으로 조직되었다. 조직 결성의 목적은 한국에 살고 있는 필리핀 이주 노동자의 삶과 노동 현장에 도움이 되는 소식과 정보를 제공하는 데 있다. 조직의 구성은 고용허가제로 들어오는 필리핀 이주 노동자들을 회원으로 받아들이고, 회원 카드를 발급하며, 매월 회비 1만원을 받는 전국 조직이며, 가톨릭 센터 주임신부가 당연직 대표이다. 활동은 필리핀 본국의 노동부, 법무부, 해외노동국, 필리핀 대사관에서 수집한 정보, 한국의 노동법, 한국 사회에서 얻는 정보를 필리핀 이주 노동자들에게 제공한다. 수집한 각종 정보는 일요일 혜화동 '쉼터'에서 안내하고, 2007년 11월부터 『술리아피노이』(Sulyapinoy, The Voice of the Modern Living Heros)라는 격월간 소식지를 통해 이주 노동자들에게 알려준다. 2013년 현재 필리핀 대사관에 등록되어 있는 종교 관련 필리핀인 단체는 39개이며, 필리핀인 사회 공동체는 75개나 된다.

| 제6장 |

맺음말

문명의 사전적 의미는 '인간의 지혜로 인해 사회가 정신적·물질적으로 진보된 상태'를 일컫는다. 유사한 용어인 문화가 전통과 개별성을 강조하고 과거 지향적인 것임에 비해 문명은 인류의 진보와 이성의 보편성을 강조한다. 따라서 문명이라는 용어가 사용되기 시작한 18세기 당시에는 서유럽의 선진국들이 스스로 인류의 보편적 가치를 소유하고 있다는 과시적 표현으로 문명국임을 자처했다. 반면 근대화와 산업화 경주에 뒤늦게 뛰어들어 문명 개념을 선점당한 후발국들은 보편성보다는 개별성을 강조하는 문화민족으로 스스로를 규정했다. 이런 관점에서 한국과 필리핀 사이에 이루어진 교류의 역사를 문명 교류사로 규정하는 것이 지나친 과장이 아닌가 생각할 수도 있다. 그러나 가치의 보편성보다는 상대성이 강조되고, 각각의 특수성이 전체의 보편성을 형성하는 부분으로 간주되는 탈근대 시대에는 한국과 필리핀도 개별적 문명 단위로 보는 것이 타당하다고 볼 수 있다.

한국과 필리핀 간의 교류가 세계사적 관점에서 보면 강대국들 간의 교류가 아니라 주변적이고 종속적인 위치에서 간접적으로 시작되었다고 볼 수도 있다. 한국의 고대사가 비록 독립된 왕국으로 존속해 온 것은 사실이지만 국제적 영향력의 관점에서 본다면 중국의 중화사상 속에서 종속적 위치에 있었음을 부인할 수 없다. 또한 일찍이 서구의 문물을 받아들여 새롭게 무장한 일본에 의해 침탈당하고 종속되는 역사를 경험했다. 필리핀 또한 비슷한 역사적 배경을 가지고 있다. 필리핀이 중앙집권화된 국가로 나타나게 된 것도 식민지 세력에 의한 것이었고, 19세기 말까지 필리핀이라는 나라의 주권은 스페인에 있었으며, 이후 미국의 지배 기간을 거치고 나서 1946년에야 비로소 필리핀인에 의한 주권국가로 탄생하게 되었다. 제2차 세계대전이 끝난 뒤에도 비록 두 국가는 독립은 했으나 냉전이라는 국제적 틀 속에서 자율적인 국제 교류를 수행할 수 있는 여지가 없었다. 다행히 한국과 필리핀은 모두 냉전 체제에서 자유민주주의 진영에 속함으로써 강대국의 보호 아래 일찍이 상호 교류의 기회를 가질 수 있었다. 필리핀이 한국전쟁에 참전한 것도 냉전이라는 이념적 대립 속에서 미국의 영향력하에 있었던 맥락에서 이해할 수 있다.

이처럼 한국과 필리핀이 주체적인 입장에서 국가 간 교류를 시작한 것은 그리 오래되지 않았다고 볼 수 있다. 이는 특히 국제 관계가 정치와 안보를 중심으로 이루어지던 시대에서 경제적 이해관계를 중심으로 이루어지는 시대로 변화하면서부터였다. 한국과 필리핀이 자율적으로 상호 교류를 시작한 것은 1960년대 한국이 경제 발전을 위해 필요한 해외 자본을 유치하고자 필리핀에 접근하면서 시작되었다. 양국 경제 발전의 역사는 성공과 실패의 사례로서 종종 비교되기도 한다. 한국은 전쟁의 폐허 속에서 기적적인 경제 발전을 이룩한 반면, 필리핀은 아시아에서 일본 다음으로 부유했던 국가가 경제 발전에 실패해 대부분의 주변 국가들로부터 추월당하는 처지가 된 것이다. 이런 경제 발전의 격차는 자본과 노동의 흐름이 가속화되는 세계화의 물결과 더불어 양국 간의 교류를 더욱 확대시켰다. 한국이 필리핀에 자본을 투자하고, 필리핀은 한국 시장에 주로 원자재와 노동력을 제공하는 양국 간 경제 관계가 형성되어 오늘날까지 이어지고 있다.

국가 수준에서 한국과 필리핀의 교류 역사가 일천한 것과 달리 민간 차원에서의 교류는 좀 더 다채롭다. 역사적 고증이 필요한 흑치상지의 이야기는 차치하더라도 초기 한국인 기독교 개종자의 필리핀 방문, 문순득의 필리핀 표류, 그리고 인삼 장수의 필리핀 진출 등 소소하지만 다양한 접촉이 있었음을 알 수 있다. 최근의 한국과 필리핀의 관계도 개발 협력이나 산업 연수생의 초청과 같은 국가 차원의 교류보다, 한류와 해외 자본 투자, 국제결혼과 같은 민간 차원의 교류가 더욱 활발하게 이루어지고 있음을 볼 수 있다. 최근 드라마와 K-Pop을 앞세운 한류의 영향으로 필리핀 사람들은 한국에 대해 전쟁과 분단이라는 과거 이미지에서 벗어나 발전된 선진국으로 인식하는 경향을 보이고 있다. 이런 이미지의 변화는 특히 젊은 세대에게 두드러진다. 필리핀의 10대 청소년들이 일본·호주·중국·인도보다 한국을 선호하는 것으로 나타난 조사 결과는 대단히 고무적이다. 한국에 대한 인식의 변화와 한국인들의 필리핀 방문자 수의 급증 등은 양국 간의 인적 교류를 더욱 활성화시키고 있다. 필리핀에 한인 타운이 형성되고, 한국에 필리핀 출신 결혼 이주자가 국회의원이 된 현실은 상호 교류의 깊이를 반증한다.

국가 혹은 문명 간의 교류가 반드시 우호적이고 유익한 결과를 가져오는 것은 아니다. 때로는 불행한 기억으로 남아 있기도 하다. 다행히도 한국과 필리핀 간의 교류에는 그런 불행한 기억이 존재하지 않으며, 오히려 주변국으로서의 동질성, 전쟁과 냉전의 시대에 운명을 함께한 동지애, 그리고 가족을 공유하는 동반자로서의 특징을 가진다. 이런 우호적 관계의 형성은 역사적 과정에서 상호 경쟁의 대상이 아닌 상보적인 관계에 있었기 때문일 것이다. 한국과 필리핀은 이념적 대립의 시기에 자유민주주의에 대한 신념을 공유한 정치적 동반자였으며, 경제 발전 시기에 자본과 노동, 시장을 공유한 경제적 동반자였다. 그리고 오늘날 상호 교류의 확대를 통해 사회·문화적 공동운명체로서의 미래를 꿈꾸고 있다. 국제적 맥락에서 한국과 필리핀은 동남아국가연합인 아세안과 동북아 삼국인 한·중·일이 아세안＋3을 주축으로 추진하고 있는 동아시아 공동체의 일부이다. 이처럼 새롭게 부상하고 있는 지역공동체의 논의 속에서도 한국과 필리핀은 더욱 긴밀한 협력 관계를 유지함으로써 공동의 번영을 추구해 나가고 있다.

한국과 필리핀 간의 교류가 장기적이고 좀 더 바람직한 미래지향적 관계로 발전하기 위해서는 다양한 노력이 경주되어야 할 것이다. 비록 세계화와 지역공동체 등 기존 민족국가의 경계를 약화시키는 흐름이 있기는 하지만, 국제 관계의 주체이자 국민적 결속의 매개체로서 민족국가의 존재는 당분간 계속될 것으로 예상된다. 따라서 한국과 필리핀 간의 교류가 좀 더 미래지향적인 관계로 발전하기 위해서는 양국 간의 이해관계가 조화를 이루는 방향으로 정책을 추진해야 할 것이다. 국제 관계에서 상호 정치적 협력을 강화하는 것과 더불어 경제적 관계에 있어서도 한국의 일방적인 무역수지 흑자 기조는 개선해 나갈 필요가 있다. 또한 문화적 교류가 쌍방향이 아닌 일방적으로 흘러 자국의 문화영역을 잠식하게 되면 이를 문화 제국주의로 인식해 반감을 초래할 수도 있다. 한국의 문화가 필리핀에서 소비되는 만큼 필리핀의 문화를 한국에 소개하려는 인위적인 노력을 경주해야만 장기적이고 우호적인 교류를 이어 나갈 수 있을 것이다.

참고문헌

국제개발협력위원회. 2012. "국가협력전략: 필리핀," 제14차 국제개발협력위원회
　　　보고서, 2012. 12.

권종화. 2004. "한국 내 필리핀 이주자 공동체의 형성과 의미." 연세대학교 대학원
　　　석사논문.

김동엽. 2008. "필리핀의 정당정치와 민주적 정치발전."『동남아시아연구』18(2),
　　　pp. 33-67.

_____. 2010. "필리핀 국제결혼이주여성의 초국가적 행태에 관한 연구."
　　　『동남아시아연구』20(2), pp. 31-72.

_____. 2012. "The Galleon Trade and Its Impact on the Early Modern
　　　Philippine Economy."『동서연구』24(1), pp. 55-84.

_____. 2013. "필리핀 무슬림 분리주의 운동의 발생과 전개: 이슬람 부흥운동의
　　　맥락에서."『동아연구』32(2), pp. 263-300.

_____. 2013. "필리핀 민주주의의 헌정공학: 권력공유, 책임성, 효율성, 안정성."
　　　『동남아시아연구』22(3), pp. 1-44.

김동엽・정법모. 2009.『필리핀의 고등교육 및 학위제도에 관한 조사연구』.
　　　한국연구재단 정책연구과제.

김선임. 2010. "필리핀 이주 노동자 공동체의 형성과정: 혜화동 공동체와 가톨릭을
　　　중심으로."『종교문화연구』14, pp. 45-82.

김정석. 2009. "필리핀신부의 결혼관과 국제결혼 사례연구."『한국인구학』32(2),
　　　pp. 1-27.

송건호. 1991.『홍사익 장군의 평전』. 국사편찬위원회

야마모토 시치헤이, 정성호. 1986.『한국인 일본 육군 중장 홍사익 전범재판기록』.
　　　은행계

외교부. 2011.『필리핀 개황』. 외교부.

이도학. 1996.『백제장군 흑치상지 평전』. 주류성.

_____. 2010.『백제 사비성 시대 연구』. 일지사.

_____. 1991. "百濟 黑齒常之 墓誌銘의 檢討."『鄕土文化』제6호.

이동원. 1992.『대통령을 그리며』. 서울: 고려원.

이완범. 2002. "한반도 분단의 배경, 1941-1948." 김영재 편저,『북한의 이해』.

법문사, pp. 42-95.

주필리핀한국대사관. 2013.『필리핀 개황』. 한국대사관.

조흥국·윤진표·이한우·최경희·김동엽. 2011.『동남아시아의 최근 정치·외교에 대한 전략적 평가: 태국, 베트남, 인도네시아, 필리핀을 중심으로 』. 전략지역 심층연구 11-07. 대외경제정책연구원.

최성환. 2010a. "조선후기 문순득의 표류와 세계인식." 박사학위논문, 목포대학교.

_____. 2010b. "19세기 초 문순득의 표류경험과 그 영향."
『지방사와지방문화』제13(1), pp. 253-305.

한국동남아연구소. 2010.『동남아의 한국에 대한 인식』. 명인문화사.

Finley, John P. 1915. "The Mohammedan Problem in the Philippines I." *The Journal of Race Development* 5(4): 353-363.

Jose, Lydia Yu. 2011. "The Koreans in Second World War Philippines: Rumour and History." *Journal of Southeast Asian Studies* 43(2): 324-339.

Lee-Brago, Pia. 2011. "China not Keen on Having Binding Code of Conduct." The Philippine Star, http://www.philstar.com/Article.aspx?articleId=738941&publicationSubCategoryId=63. 2011.10.19.)

Legarda, Benito J. Jr. 1955. "Two and a Half Centuries of the Galleon Trade." *Philippine Studies* 3(4), 345-372.

_____. 1999. *After the Galleons: Foreign Trade, Economic Changes and Entrepreneurship in the Nineteenth-Century Philippines*. Quezon City: Ateneo de Manila University Press.

Majul, Cesar Adib. 1999. *Muslim in the Philippines*. Quezon City: University of the Philippines Press.

Polo, Lily Ann. 2004. "Turning the Page: Challenges for Divided Nations Conference on Contemporary." *Philippine and Korean Affairs*. Quezon City: UP Asian Center.

_____. 1998. *The Philippines and South Korea: Strengthening the Partnership*. Quezon City: UP Asian Center.

_____. 1984. A *Cold War Alliance: Philippine South Korea Relations (1948~1971)*. Quezon City: UP Asian Center.

Reid, Anthony. 1993. *Southeast Asia in the Age of Commerce 1450-1680.* New Heaven and London: Yale University Press.

Santolan, Joseph. 2011. "Tensions Continue to Mount in South China Sea." World Socialist Website;
http://www.wsws.org/articles/2011/oct2011/ scse-o06.shtml.

Scott, William Henry. 1994. *Barangay, Sixteenth-Century Philippine Culture and Society.* Quezon City: Ateneo De Manila University Press.

〈관련 인터넷 사이트〉

- 대외경제협력기금 http://www.edcfkorea.go.kr.
- 대한민국외교부http://www.mofa.go.kr.
- 대한민국통계청 http://kostat.go.kr.
- 아세안 사무국 http://www.asean.org/18137.htm.
- 아키노 대통령 홈페이지 http://ph.politicalarena.com/home/noynoy.
- 주필리핀 한국대사관 http://embassy_philippines.mofa.go.kr.
- 주한국 필리핀대사관 http://www.philembassy-seoul.com.
- 필리핀 상원 http://www.senate.gov.ph.
- 필리핀 여론조사 기관 http://www.sws.org.ph.
- 필리핀 외교부 http://www.dfa.gov.ph/main.
- 필리핀 통계청 http://www.nscb.gov.ph.
- 필리핀 하원 http://www.congress.gov.ph.
- 필리핀 행정부 http://www.gov.ph.
- 필리핀 TV 채널5 http://www.interaksyon.com.
- 필리핀한인회 http://korea.com.ph.
- 한국국제협력단 http://www.koica.go.kr.
- 한국무역진흥공사 http://www.kotra.or.kr.
- 한국무역협회 http://www.kita.net.
- 한국수출입은행 http://www.koreaexim.go.kr.

(고)박정현 교수를 대신하여 참여한 김동엽은 본 저술사업을 2009년도 정부재원 (교육과학기술부 학술연구조성사업비)으로 한국연구재단의 지원을 받아 수행하였음(NRF-2009-362-B00016).